凡事徹底

九州の小さな町の公立高校から
Jリーガーが生まれ続ける理由

井芹貴志

内外出版社

凡事徹底

◆目　次

装　幀——ゴトウアキヒロ
本文扉・表4揮毫——平岡和徳
本文写真——井芹貴志、平岡和徳、大津高校

※本文中敬称略

はじめに——小さな町の、普通の公立高校で

熊本市の中心部から北東方向へ車を走らせること約40分。熊本県を代表する観光地である阿蘇方面へ向かう途中の大津町《おおづまち》に、熊本県立大津《おおづ》高等学校はある。

正門周辺や校内に植えられた大きな銀杏《いちょう》の樹々は、高さで15ｍほどにはなろうか。毎年秋、鮮やかな黄色に染まった葉が陽光を受けて輝き、少しずつ落葉が足元を埋め尽くしていく様子は、大津高校を象徴する光景のひとつだ。

同校が創立されたのは１９２３（大正12）年のこと。旧制中学校としてスタートし、その後、１９４８（昭和23）年に県立大津高等学校となった。県北エリアの中でも、とくに地元の大津町、隣接する菊陽町《きくようまち》や西原村《にしはらむら》、そして阿蘇郡など、主に城東地区と言われる地域からの生徒を受け入れる普通高校として歴史を重ね、これまでに多くの人材を輩出してきた。

1923（大正12）年創設の熊本県立大津高等学校
毎年秋になると校内の銀杏が鮮やかな黄色に染まる

現在、熊本県における公立高校の入試制度は、県北、県央、県南という3つの通学区域が設けられており、この「学区内」の中学からであれば同一条件での受験が可能になっている（なお全日制でも、専門教育を主とする学科や総合学科、普通科内の【コース】は県内全域が学区となる）。

大津高校が含まれるのは県北学区だが、JRを使えば通学可能な熊本市にある学校の人気が高く、国公立大や難関私大への進学を目指す受験生の多くは熊本や済々黌《せいせいこう》、第一、第二といった熊本市、つまり県央学区の普通科進学校を志望するケースが多い。こうした事情、また少子化の影響もあり、熊本県内でも郡部にある公立高校の多くは、軒並み定員割れを起こす状態が続いている。

しかし大津高校の場合、普通科7クラス(うち1クラスが体育コースと美術コースの合同クラス)、理数科1クラスの1学年8クラスという中規模の学科編成ながら、全校生徒1000人弱という状態を長く維持してきた。

大津町はもとより、近隣の菊陽町、合志《こうし》市といった自治体が熊本市のベッドタウンとして人口増加傾向にあることも関係している。同時に一方では、志望校を選択する中学3年生にとって少なからず魅力に感じられる要素を、大津高校が備えているからだとも言えるだろう。

たとえば一人ひとりの個性に合わせた細やかな進路指導や、充実した学校行事で彩られる3年間の学校生活がそれにあたる。そして活発な部活動もまた、学校全体の雰囲気やイメージを醸成するのに小さくない役割を果たしている。

大津高校では、県内でも数少ない美術コースの生徒たちが作品制作に打ち込む美術部や、県内外で優秀な成績を収めている吹奏楽部、放送部といった文化系の部活動も盛んだ。だが、とりわけ広く知られているのが男子サッカー部である(あえて「男子」

校長室。サッカー部が獲得した数々のタイトルが誇らしげに並ぶ

と加えたのは、同校にはかつて全国制覇したこともある女子サッカー部があり、今も活動しているからだ）。男子生徒の5人に1人がサッカー部員というほど高い割合を占める、大津高の代名詞とも言える。

なかでも2006年のFIFAワールドカップドイツ大会に出場した日本代表には、GK土肥洋一（現J2レノファ山口GKコーチ）とFW巻誠一郎（現J2ロアッソ熊本）の2選手が同時に選出された。以降も、谷口彰悟、車屋紳太郎（ともにJ1川崎フロンターレ）、植田直通（J1鹿島アントラーズ→ベルギー・セルクル・ブルージュKSV）といった現在の日本代表候補など、これまで数多くのＪリーガーが同校サッカー部から巣立っている。

いまだ各県代表が集う形の全国大会では頂点を極めたことこそないものの、夏のインターハイや冬の高校選手権では熊本県で最多の出場回数を誇る全国大会の常連であり、２０１６年からは高円宮杯U－18プレミアリーグウエストに参戦する強豪校の１つとして知られる。しかし、他県から優秀な選手を集めることも可能な私立高校ならともかく、一般入試を課す公立高校でありながら、四半世紀に渡っておよそ50名ものＪリーガーを輩出してきたケースは全国でも稀だ。

人口３万５０００人弱という小さな町にある普通の公立高校が、なぜそうした存在になり得たのか。

歴史をひもとくと、学校の特色づくりの一環として、１９８７（昭和62）年に普通科体育コースが設置されたことが１つのきっかけになったことがわかる。

当時の通学区域は現在と異なっており、また学区外から普通科に合格する生徒の枠は、全定員の５％という制限が設けられていた。だが新設の体育コースと美術コースで編成するクラスは県内全域が対象学区となったため、１期生は県南地区の竜北町《りゅうほくまち》（現在の氷川町《ひかわ》）や小川町（現在の宇城市《うき》）、熊本市などから入学。実際、その年の冬には、この体育コース1期生にあたる1年生を中心としたチーム編成で、初の全国高校選手権出場を果たしている（結果は茨城県代表の古河一に0―7で初戦敗退）。

しかし、当時はまだ全国的にも新勢力といった位置づけで、翌年も連続出場したがやはり初戦で日大山形にＰＫ戦の末敗れ、選手権での初勝利はお預けのまま、その後しばらく全国の舞台から遠ざかる時代も経験した。

そうした低迷期を経て、大津が再び全国の舞台に登場するようになるのは１９９０年代の中ごろから。その原動力となったのが、１９９３（平成５）年、同校に体育教諭として赴任した平岡和徳である。

平岡は熊本県の中央部、熊本市の南側に位置する松橋町《まつばせまち》（現在の宇城市）に生まれた。小学生時代から全国にその名を知られた存在で、越境入学した帝京高では主将として全国制覇も経験。筑波大学時代にはユニバーシアード代表にも選出されるなど、日本を背負うゲームメーカーとして将来を嘱望された選手でもあった。

しかし平岡は、当時の日本サッカーリーグを戦っていた企業チームへは進まず、教員になる道を選ぶ。

筑波大を卒業した1988(昭和63)年、熊本県教員として採用された平岡は、県立熊本商業高校に赴任し、5年間勤務。その間、同好会同然だったサッカー部を一から鍛え、県内でも上位に入る安定した力を持つチームに育てている。

その後、1993(平成5)年に大津高に赴任して以来、25年間に渡り監督、総監督として同校サッカー部を率いた平岡は、教頭を2年間務め、2017(平成29)年3月に県教員を退職。生まれ故郷である宇城市教育委員会からの要請を受け、同年4月から同市の教育長となっている。

前述した同校出身のJリーガーは、ほとんどが平岡に指導を受け、その才能を開花させた。つまり、地方の公立高校にあって数多くのプロ選手を輩出してきた背景には、平岡が信念としてきた教えや子ども達への接し方、さらには長い教員生活を通して自らも学んだ環境づくりがあったことがうかがえよう。

本書は、現在の大津ブランドを確固たるものにした指導者・平岡和徳の指導哲学に

25年にわたり大津高校サッカー部の指導にあたってきた平岡和徳監督

触れるとともに、同校サッカー部の今に至る礎をひもとき、記録し、次代に残すものである。

サッカーを指導する現場においては、不変のセオリーからトレンドによって変わるものまで、様々なトレーニングの方法やコーチングメソッドがあるだろう。しかしあらかじめお断りしておくと、そうした具体的なトレーニングメニューについての記述は、本書ではほとんど出てこない。平岡の指導哲学は、そうしたディテールよりむしろ、その土台となる人間教育や育成の考え方に重きが置かれている。

なぜなら、平岡和徳という人物の職業は教師であり、その仕事はサッカーを通した「人づくり」であるからだ。

凡事徹底

別の角度でとらえれば、本書の内容はサッカーにとどまらない、スポーツ全般におけるチーム作りや選手のマネジメント、モチベーションアップに少なからず有効であろうし、あるいは目標に向かって進む若者たちと彼らを見守る周囲の大人たちにとって示唆に富んだ、明日への小さなヒントや、そのタネが含まれていると思っている。

教師・
平岡和徳の指導哲学

1　ゼロから1を創る

凡事徹底

大津高校の正門を抜けて学校の敷地内に入ると、右手に美術棟、図書館や職員室が入る管理棟がある。さらに奥へ進めば教室棟が立ち並ぶが、管理棟前のロータリーを過ぎた正面、2つの教室棟の2階をつなぐ渡り廊下の壁を見ると、美しい毛筆書体の言葉が目に入る。そこにはこう書かれている。

渡り廊下の壁に書かれた「凡事徹底」の文字

「凡事徹底」

この書は、1993年から2017年までの25年間、同校に体育教諭（最後の2年間は教頭）として勤務した、現・宇城市教育長である平岡和徳の手によるものだ。のちに改めて具体的なエピソードもまじえて紹介するが、平岡は少年時代から、書道でも優れた才能を発揮していたようである。

この「凡事徹底」という言葉は、一般的には「当たり前のことを　当たり前にやる」と解釈されがちだ。しかし実は、もう一段、深い意味がある。それは「当たり前のことを　人並み以上に　一生懸命にやる」ということ。

2017年から同校の校長に赴任した赤星隆弘も、次のように話す。

「『凡事』を『徹底』ですから、『最後までやり抜く』ことが大事だと、生徒たちには説いています」

大津高校の生徒たち——もちろんサッカー部員に限らない——だけでなく、同校に勤務する全ての教職員にも深く浸透しているというこの言葉は、「4代前にあたる校長の時代から、『向学』『誠実』『敬愛』という三綱領とは別に、スローガンとして掲げられるようになった」（赤星校長）ものだという。

今でこそ、学校を訪問する外部からの来客を見つければ生徒たちは立ち止まって元気な声で挨拶をし、ゴミが落ちていれば進んで拾い、制服も規定通りに着こなす。考えてみればそれはごく自然なことなのだが、かつてはそうしたことができていない時代が、大津高にもあったのだった。

「平岡君、あんたがここに来ても、うちのサッカー部は、ようはならんよ（良くはならないよ）」

1993年の春、27歳の若さで赴任した平岡に、当時の生徒指導部長はそう声をかけたという。

話はそれから少し遡る。公立高校では熊本県内で初めてとなる普通科体育コースが設置された１９８７年、サッカーを強化種目の１つにした大津高校は、先発11人のうち10人が1年生というチーム編成で初めて熊本県代表の座を勝ち取り、昭和62年度の第66回全国高校選手権に出場した。その後も、熊本県で一定以上の成績をおさめる程度の存在になってはいたが、熊本商大付属（現在の熊本学園大付属）や熊本国府《こくふ》、ルーテル学院といった私立勢の台頭、また熊本農業、熊本商業など公立の伝統校が再び力をつけてきたこともあって、全国への切符をつかめない時代が続いていた。

平岡が大津高へ赴任したのは、ちょうどその頃だ。

「私が来た頃のサッカー部は、ほとんどが体育コースの生徒でした。ところが、中には『俺はサッカーをしに大津高校に来たんだから、午前中は授業に出ない』なんていう、とぼけたやつがいたり、とにかく自分勝手に物事を判断していたんです。寮にも土足で上がるし、壁には寮監の先生に殴られてついたのか、血のりがそのままになっていたり。生徒指導のリストには、サッカー部の連中の名前が並んでいました」

平岡は苦笑いしながら、赴任した頃の様子を振り返る。つまり当時の大津高サッカー部は、「ゼロ」だった。いや、むしろ一度でも全国大会に出場した実績があることからすれば、ある意味では「マイナス」だったとも言える。

平岡の「ゼロから1を創る」作業が、ここでも始まったのである。

「ここでも」と書いたのには理由がある。平岡は大津高に赴任する前、県立熊本商業高校で教員生活をスタートさせたが、熊本商業でもやはり、「ゼロから1を創る」作業があったのだった。5年間の在職期間でチームを鍛え、熊本県で上位に進出する力をつけたものの、着任当初から順風満帆だったわけではなかった。

「商業高校で女子生徒が多く、全校生徒約1500人のうち、男子生徒は250人。最初は『女子サッカー部を作ってくれ』なんて言われたんですが、『陸上部も一緒に見ますから、サッカー部を指導させてください』とお願いして(笑)。熊本商業でスポーツをやる男子は野球部に入る生徒が多く、サッカー部は同好会のようなものでしたね」

しかし初任校の環境がそうした特殊なものだったことは、ある面でその後の平岡の指導スタンスを築く土台にもなった。古豪と言われる伝統校ではあったが長いブランクがあったため、自分なりの指導を貫くことができたのだ。

「自分もまだ若くて、熊本教員蹴友団で選手としてプレーもしていましたから、実際にボールを蹴って見せるんです。こういう風にも蹴れるよ、ただドリブルするんじゃなくて、こんなドリブルの仕方もあるよ、ただ止めるんじゃなくて、こういう風にできるようにならなきゃ、と言って、やってみせる。生徒たちに『えっ！　そんなこともできるんですか⁉』という刺激を与えると、自分たちから練習し始めるようになっていったんです」

そうして生徒たちが少しずつサッカーの本質を学び、身につけ、結果も出るようになった熊本商業は、平岡の赴任から4年目の1991年、熊本県の高校総体で29年ぶりの優勝を果たした。

しかし、さぁこれから、という時に、平岡は大津高へ異動となったわけである。

もちろん、サッカーを強化指定種目にした大津高に、若く意欲のある指導者をとの目論見もあったろう。ところが平岡が赴任した当初の大津高は、前述の通り、「ゼロ」あるいは「マイナス」の状態だった。

「寮の部屋が汚いとか、制服のシャツの裾を出したままにしているとか、髪には寝癖がついたままだとか、教室の棚は散らかっているとか……。そういうことが整っていない選手に、勝利の女神が微笑むはずはないだろうと（笑）。これは、生活習慣から変えなければならないなと思いました」

そこで、赴任の年に入学してきた1年生たちを中心に、普段の生活から変えていくことに着手する。汚れたままの寮の床や壁は、平岡も生徒たちと一緒に雑巾を使って拭き上げ、挨拶も徹底させた。サッカーの技術と戦術を高める前に、取り組む姿勢となる日常生活から、文字通り叩き直したのである。

前述した、「サッカーをするために大津高へ来たんだから、専攻の体育の授業以外は出ない」という生徒は、平岡が寮まで連れ出しに行った。

「学校に来ていないから様子を見に行ったら、廊下まで聞こえるような、デカいイビキをかいて寝てるんですよ。『お前は何を考えてるんだ！』と引きずり出してね。でもその生徒はそれから開眼して、『僕はもう、平岡先生の言うことが絶対です。平岡先生と会うために大津高に来たと思ってます』なんて言うようになりました（笑）」

当然、トレーニングの質も変えたが、どんなにサッカーが上手くても、普段の生活

平岡の指導者人生はまさに「ゼロから１を創る」ところからスタートした

がなっていない、練習に真剣に取り組まない選手は、頑として使わなかった。練習中にボールに座るような場面を見つければ思いきり横からボールを蹴飛ばし、手を抜く選手には容赦なくスライディングでハードタックルをかけた。上手いだけの選手はいらない――。その考えを、身をもって示したのである。

それは、「一生懸命頑張る子がいる一方で、集団の足を引っ張るような子がいたり、社会のルールに反するようなことをしたりしたときは、頑張っている子達を代表して自分が指導する」という信念があったからだ。

「だから保護者にも、『仲間を裏切ることがあれば退部させることもあります』と伝えていました。最初の頃は、保護者の飲み会に呼ばれて正座させられたりもしましたよ（笑）。主に選手起用について言われることがありました。でも、『私がいちばん選手を見ているので、それに対して疑問があるならトレーニングを見に来てください。意見をいただいたら参考にします』と。こっちも若いですし、悔し涙を流しながら言い返したものです（笑）」

一方で、当時キャプテンだった藤末稔からは、「先生、こんなにキツい練習じゃ、皆、辞めてしまいます」とも相談された。しかし平岡は「そうか、それは好都合じゃないか。辞めたいやつには辞めてもらって、早速明日から始めよう」と返事をしたという。

これは大津高に来てから平岡がトレーニングをことさら厳しくした、というわけではない。生徒からどんな練習をするのか聞かれた際、熊本商業でやっていたのと同じようなメニューを提示したところ、その内容を見ただけで怖じ気づいたのだという。

「内容的にはフィジカルの側面もあるし、長い距離を走らなくちゃいけませんが、パスコントロールをやって、対人をやって、シュート、それから4対4、最後にゲームという感じです。熊本商業の練習は相当キツいらしいということを、彼等も情報として知っていたんでしょう。当時は、熊本商業は練習がキツそうだからという理由で大津高校を選んだ子もいたでしょうから、その子達にとっては私が転勤してきたのは誤算だったのかもしれません（笑）。でも逆に、熊本商業に行きたかったけれど前期の推薦入試の合格ラインに届かず、後期試験を受けて大津高校に来たという生徒たちにとっては良かったんだと思います」

実際には藤末の予想は外れ、辞めていく部員はほとんどいなかった。ただ、熊本商業では長くやっていた練習も大津高では効率が上がらないと平岡は判断。「終わりを決めて中身を濃くしよう」と、今につながる100分トレーニングにシフトしたのだった。

「当時は技術もメンタルもレベルが違いましたから、それに合った指導をするのが腕の見せ所だと思いましたし、**メリハリをつけ終わりを決めることで、途中を頑張れるようにしよう**と考えたんです。『辞めたい』と思っていた生徒もいたかもしれません。しかし、『勝ちたい』という気持ちを持っているメンバーが、良くチームをまとめてくれたと思います。各年代のキャプテンが本当によく頑張ってくれましたね」

平岡が熊本商業で5年かけて働きかけてきたのは、生徒たち一人ひとりが、「自分はこのチームの一員だ」と思えるステイタスを作ること。大津高でもそれを実践したのである。

「当然、まずは自分のために頑張るんですけど、仲間のアイツのために頑張ろうとか、このユニフォームのために頑張ろうとか。そういうプライドを意識したり、自覚や献身性、友情、とかね。チームとして動いていく中で必要な要素がありますよね。でも私が来た当時の大津にあったのは、身勝手、言い訳、人のせいにする……。全く真逆でした」

生徒たちにはこんな声をかけた。

「そのユニフォームのために汗をかけるか？ 今お前たちが着ているユニフォームのマークは、先輩たちが作ってきたものを借りているだけだ。これから頑張っていくことで、お前たちの歴史もそこに付け加えられていくんだ」

このセリフは、平岡が3年間在籍した帝京高校にも通じる。全国制覇を成し遂げるたび、胸につく星のマークが増えていくのと同じである。

初任の熊本商業では、当時放送されていた『スクール・ウォーズ』というドラマ（京都・伏見工業高校ラグビー部を率いた山口良治監督を描いたドラマ）の主人公を演じた山下真司と自分を重ね合わせた。「だから大津はさしずめ、パート2ですよ」と笑う。

練習風景。離れたところからでも選手に目を配り、声をかけることで選手たちのサッカーに取り組む姿勢が大きく変わってくると平岡は語る

「熊本商業では、練習している様子を他の先生方が職員室から見ていたそうです。『あんなに熱くなっても勝てっこないのに、なんであんなに一生懸命になれるんだ』と、手を抜かないことを不思議がられていたみたいですね（笑）。でも私からすれば、小嶺先生（忠敏・島原商業→国見→長崎総科大付属）も松澤先生（隆司・鹿児島実業）も志波先生（芳則・東福岡）も、古沼先生（貞雄・帝京）もみんな、日本一になるために教員としてやっているアクションは、それが当たり前でした。大人が**『子ども達の未来に触れている』という自覚を持って本気のオーラを発信することで、子ども達は変わっていく。**例えば広いグラウンドでトレーニングしている時も、手前でやっているAチームを見ながら、対角線上の奥でやっているBチームの選手にも『今

のは良いプレーだ！』と声をかけたりする。そうすると、『自分たちもちゃんと見られているんだ』と分かるじゃないですか」

全ての言動が与える印象や影響も考え、生徒たちの担任とも細かく対話をしてサッカーから離れたところでの様子を把握した。勉強も頑張っているという情報を聞けばグラウンドでそのことを褒めたりもした。そうした取組みが次第に生徒たちの変化を生み、「あんたが来てもうちのサッカー部は変わらない」と言われた状況から、教職員からは「サッカー部の生徒たちが変わってきた」との声が聞こえてくるようになったという。

「サッカー部としてだけではなく、『大津高校というチーム』で子ども達を見ていく作業が良くなったんだと思います。**人を作っていくということは、その集団の全ての人の人生に関わっていくこと**。欲張りかもしれませんが、『大津高校に来て良かった』『サッカー部で3年間を過ごして良かった』『ここでアイツと出会えて良かった』という実感を生徒たち皆に持って欲しい。学校全体で『チーム大津』としての環境が整ってきたことが、生徒たちのプライドや誇りにつながるようになった理由ではないかと思っています」

本気のオーラを出しながら「凡事徹底」を生徒たちに訴えかけ続けたことで、一人ひとりの変化がサッカー部全体を変え、そしてサッカー部の進化が学校全体の活性化へと波及していった。平岡自身も「凡事徹底」を実践したのであった。

大津サッカー部の目指すところ

大津高サッカー部には、入部とともに配られる1枚のプリントがあるという。そこには次のような項目が列記されている。表題は「大高（大津高の略称）サッカー部の目指すところ」となっている。

【大高サッカー部の目指すところ】

一、諦めない才能を育てるのがスポーツ最大の財産である。

二、技術には人間性がストレートに現れる。

三、強いチームは良いあいさつができる。
四、感動する心と、感謝の気持ちを常に持とう。
五、苦しいときは前進している。

さらに「大高サッカー部規則」が続く。

一、あいさつの徹底
二、学校生活の充実
三、礼儀
四、ルールの厳守
五、正しい努力の継続

そしてその後、やはり5つの【細則】が記されている。列記してみよう。

1、大高生としての誇りを持ち、学業・サッカーに日々努力精進する
2、原則として学校・部活は休まない（やむを得ない場合は必ず担任、顧問に本人が連絡すること）

3、競技規則はもとより、学校生活、社会生活におけるルールを厳守する
4、スポーツマンとしてふさわしい服装と髪型を常に心がけ、あいさつを励行し、礼儀正しく俊敏な行動をとる
5、感謝の気持ちを常に忘れず、常に人間性の向上に努める
以上の規則、細則が徹底できない者は、練習・試合出場の停止又は、退部とする

「目指すところ」から「細則」まで、これらはすべて、先に述べた「凡事徹底」というスローガンに通じるものだ。日々の練習を行うグラウンドには、目標である「全国制覇」と書かれた大きな横断幕がどこからでも目につく場所に掲示されているのだが、平岡が大津高サッカー部の一員となる15歳前後の少年たちにまず示してきたのは、この「大高サッカー部の目指すところ」がプリントされた1枚の紙だった。

ミーティングでも、折りに触れてこの5つの項目を選手達に話してきたという。そこにはどんな意図があったのだろうか。1つずつ、順に見ていこう。

一、諦めない才能を育てるのがスポーツ最大の財産である

「サッカーの技術は、自分から変わろうと思わなければ、そう簡単には上手くなりません。見えている所でのトレーニングだけではなく、見えない所でコツコツやらないと、やっぱり技術の進歩はない。まず変化を求めて自らアクションを起こし、努力を続けた先に進化がある。**諦めない才能とは、進化のための努力を続けていく才能のことだと考えています**」

言うまでもなく、ここで磨かれる「諦めない才能」は、決してサッカーの中だけで生かされるものではない。高校を卒業し、大学を経て社会に出ても必ず役に立つものだ。つまり、サッカーを通してそうした「生きる力」を磨き、高めて欲しいという思いが根底にある。

高校での3年間で培い、磨いた「諦めない才能」を最も発揮している卒業生は誰かと問うと、平岡は迷わず、地元のロアッソ熊本でプレーする巻誠一郎の名前を挙げた。

「やっぱり巻でしょう。特に2016年の熊本地震のあとの動きを見れば、そういう才能が内側に備わっている選手だなと感じます」

巻は熊本地震の直後から、プロのアスリートとしての立場や役割を理解し、自らの

2016年に発生した熊本地震のあと、様々な形で支援活動に取り組み、プロサッカー選手としてのあるべき姿を身をもって示した巻誠一郎

人脈や発信力を生かして支援活動に着手した。支援物資の提供を呼びかけるだけでなく、知人のネットワークを活用してスムーズに集配を行う拠点を確保してルートを確立し、サッカー仲間を通じて全国から募金を集めるスキームも構築した。一方で、支援物資を車に積み込んで自ら避難所や被災地域を回り、コミュニケーションを通して県民との絆を深めていった。もちろん、自身も被災して大変な状況の中、Jリーグの試合やトレーニングを続けながらである。

「今、いろんなところで教員として指導している卒業生の皆も、そうしたものは持っていると思います。ただ、社会的な貢献度や一種の公人としての影響力からすると、巻という選手は他者からも認められる存在ですし、Jリーガーの中でも1つのお手本になっているんじゃないでしょうか」

こうした先輩・巻の姿を見た現役の生徒たちも、熊本地震の後には早期の学校再開に尽力した。

「学校を早く再開できたのは、サッカー部をはじめとした部活生たちが片付けや清掃、復旧作業を積極的に行うなど、愛校心をもとに動いてくれたからだと思っています。ほかにも、一時帰宅させた県外出身の寮生は、地元の同級生や先輩、指導者のサポートを受けながら募金活動をしてくれましたし、大津高校をはじめ熊本県の高校から関東の大学へ進んだサッカー部の卒業生たちも、学校の枠を越えて街頭で募金活動をしてくれました。『艱難汝を玉にす《かんなんなんじ》』という故事があるように、生徒たちには『**ピンチは新しいものを創るチャンスだ**』と話しました」

2016年、参戦している高円宮杯U—18プレミアリーグウエストで厳しい闘いを強いられながら残留を果たしたのも、その成果であったと言える。

ところで平岡は最近、この項目を少し言い換えるようになった。理由はこうだ。

「諦めない才能を『育てる』のは我々指導者の仕事で、子ども達にはそれを『獲得』して欲しいと思っています。だから最近は、『諦めない才能を獲得するのが、スポーツ最大の財産である』と言い換えているんです（笑）」

余談だが、大津高には1986（昭和61）年から続く「チャレンジ大会」という名物行事がある。一般的に言われる競歩会の一種で、32kmと42・195kmの2つのコースが設けられており、生徒たちは自らの体力や体調に合わせてコースを選択する仕組みになっているのだが、近年では93%もの生徒がフルの距離を選択し、うち98%の生徒が完走するという。この数字もある意味では、諦めない才能を「獲得する」という指針が、サッカー部のみならず全校生徒に伝わっているからだと言えよう。

二、技術には人間性がストレートに現れる

技術があっても「それを使い分ける戦術や判断力、遂行する体力、それを支えるメンタリティが必要」だと平岡は言う。

「やらされている間は技術も身に付かない。自分から主体的に取り組んで、課題を見つけながら問題解決していく。計画して実践して、チェックするというプロセスが個人的にできなければ、私が話すことも音楽に聞こえてしまいますよね？　これは授業も同じなんですけど、**目と耳を鍛えていない生徒にいくら良いことを言っても、それ**

は頭に残らない、ただの子守唄になってしまう」

「目と耳を鍛える」とはつまり、よく見（観）て、よく聞（聴）く力を磨くということ。サッカーのゲームを戦う上でも欠かせない情報収集能力だが、それは他者との関わりが求められる社会生活においても必要で、低いよりも高いに越したことはない。

たとえばシュートがポストに当たって跳ね返ったとき、ボールがゴールの外へ出るか、内側に転がって得点になるかは紙一重の差だ。それに対していち早く反応し、こぼれ球を押し込めるか、あるいはクリアできるかも、状況をよく見ているかどうかで決まる。「その**紙一重で勝利を引き寄せるには、日常生活から勝利の女神に認められるような行動をとらなければならない。**心・技・体はかけ算」と平岡は言う。

「一事が万事だということもよく言います。

「**技術があっても心がゼロなら、かけ算をするとゼロ**になってしまいます。サッカーでは、ピッチの中で起きている事象を見て、たくさんの情報を一気に取り入れないといけません。ですから、日常的にぼーっとしている選手が、ピッチに出ていきなりすごいプレーができるなんてことはあり得ないと、私は思っているんです」

赴任して以来、補講に引っかかったり赤点があったりする選手は、どんなに上手くても遠征などに連れて行かなかったというのも、サッカーを頑張るだけではなく、授業も当たり前に、ちゃんと臨まなければダメなんだという意思を示す意味があった。寮の部屋や教室の棚を片付けることも、制服をきちんと着ることも、試合会場でバッグやシューズを整頓しておくことも同様である。

「テストで点が取れないというのは、多少はあるかもしれません。ですが日常の授業をちゃんと聞いていれば、赤点なんて取らないはずです。授業をしっかり受けて、提出物はきちんと出す。そういうことをまず当たり前に、習慣としてやらないといけない」

「子ども達の気づきの量を増やす」ことも平岡の指導のテーマである。ある年には、野球部の応援に行ったサッカー部の生徒が会場周辺のゴミを拾って表彰されたことがあるというが、こうした行動は、ゴミが落ちていれば拾うという行為が当たり前の習慣として普段の生活に定着しているからできたことだ。

「**捨ててはいけない、から入るより、落ちていたら拾おうと言う**方がいい。拾うことが習慣になれば、その生徒はゴミを捨てなくなりますから、学校はすぐに綺麗になります。そういう作用・反作用を意識することも重要で、何から取りかかるかに大人のセンスが問われる。そこを見極めるのも指導者の仕事だと思います」

三、強いチームは良いあいさつができる

「挨拶はコミュニケーションの始まり。オープン・マインドの原点」だと言う。コミュニケーションスキルはピッチにおいても重要であり、心を開くことが指導者の言葉やアドバイス、チームメイトからの指示や要求を素直に聞くことにつながり、それが自らの技術の向上や、成長と進化のベースには不可欠だからだ。前述の「目と耳を鍛える」というのも、コミュニケーション能力を高めるための土台となる。

考えてみれば、サッカーというスポーツ自体、ボールを使ったコミュニケーションであり、パスの1つ、ポジショニング1つをとっても、本来そこには味方に伝えたいメッセージがある。コミュニケーション能力の高い選手同士が連携する方が意思疎通はスムーズになり、チームとしての完成度が高まるのは当然のことだと言えよう。

平岡は次のような例を挙げる。

「喋らない子がいたら、『お前とはサッカーしたくないよ』と言います。2人で歩いていて後ろから車が近づいて来た時に、喋る子と一緒なら『先生、危ないです！』と

言ってくれて命を救われます。でも喋らない子と一緒だと、何も分からず轢かれてしまう。轢かれた後に『……先生、大丈夫ですか？』って言われても遅いじゃないですか（笑）。だから『そんなやつとは一緒に歩きたくないし、サッカーもやりたくないよ』って言うんです。ボールを失わないためにコミュニケーションが必要なのは、それと同じことなんだよと」

今ではあり得ない話だが、何度言っても喋らない選手には、「お前は、喋らないんだったら口は要らないだろう」と、他の生徒にガムテープを持ってこさせ、口に貼って試合をさせようとしたこともあったという。

「その選手は今、トレーナーになって海外に行ったりしています。ものすごく喋るようになっていますよ」

ボールを持っているチームの方がゲームを楽しめて、圧倒的にサッカーがうまくなるというのが平岡の考え方である。だからこそボールを奪われないように全員で協力し、奪われたら全員で協力して奪い返す。そのためにコミュニケーションが欠かせないんだと、生徒たちには説いている。

「お腹が痛いとか頭が痛いとか、そういう時も口に出して伝えなければ、見ているだけの周囲の人には伝わりません。だから現象は言葉で伝えないといけない。『足が痛いから練習を休ませてください』『お腹が痛いから保健室に行っていいですか』ということも、自分から発信しなければ誰にも気づいてもらえず、健康じゃなくなってしまうことだってある。ただご飯を食べていれば健康だというわけじゃないんだと。**伝えるというのは命を守ることと同じだし、ボールを守るのもそれと同じ。**その争いがサッカーの本質だと思います」

後に詳しく述べるが、オープン・マインドというスタンスは平岡自身の指導において最上位に位置する姿勢でもある。教員への道が確かなものになったのも、生来のコミュニケーション力の高さについて、筑波大時代の教育実習で太鼓判を押されたからでもあった。

四、感動する心と、感謝の気持ちを常に持とう

「感動は行動の源。感謝の気持ちが持てるのは、自分が成長している証」と平岡。講演などでも次のように話している。

「人は出会いの中で、その人が一心不乱に物事に取り組むときの輝いた目や姿に接

大津高校のグラウンドには日本代表になったOBの姿が掲げられている。彼らのプレーから生まれる感動も生徒たちの進化と成長の源になる

し、その美しさに心を動かされる」

そうした心の動き、つまり感動することが自らの内なる心に響き、進化と成長のための行動につながるということ。同校グラウンドには、巻誠一郎、谷口彰悟、植田直通といった、日本代表となったOBの姿が描かれた大きな幕が、ネットに掲げられている。そうした先輩たちの姿を見ながら取り組む日々の練習を通して、生徒たちの心が動き、行動が変わっていくことを期待してのものであろう。

これは平岡自身の話だが、帝京高3年時の高校選手権で優勝を果たした後、主将としてテレビのインタビューを受けた際には、「わがままを許してくれた両親に感謝したい」と述べたという。テレビカメラを通してであっても、親への感謝の気持ちを高校生がこうして素直に表すことは珍しい時代で、それを見た旧知の存在であるセルジオ越後からも褒められたという。こうした自らの経験もあって、「親や家族を大事にすることができる選手は必ず成長する」というのも持論だ。

「**お世話になっている人達に喜んでもらいたいという気持ちは、頑張るためのエネルギーの1つ**になる。伸びる子は、自分の充実感や喜びをそこに還元するんだというものを持っている」と力を込める。

「何の実証もあるわけではなくて、選手を変えたいという思いで言いはじめた言葉です。でも、人に対して**感謝の気持ちを持てるということは、それだけ心に余裕がある**ということ。『ありがとう』とか『お世話になります』とか、口に出しても1秒足らずの言葉ですが、そのひと言で相手の心が変わったり、もっと言うと一生が変わることもあるかもしれない。それはピッチ上でも同じことで、『プレッシャー来てる』と言われて助かったら、『ありがとう』『サンキュー』と、当たり前のように言えるようになって欲しい。そのためには日常で習慣化するしかないわけで、保護者に送ってもったら『お願いします』『ありがとう』と言えるようにならないといけない。それができるようになると、成長にも加速力がつくと思います」

トレーニングの合間に選手たちに声をかける平岡。苦しい時ほどポジティブな言葉をかけることが選手たちの成長につながるという

五、苦しいときは前進している

「本気で物事に取り組めば、必ず壁に突き当ります。楽しいうちはまだ遊びの域を出ていない。つまり**壁に当たったということは、前進している証拠**。そういう時に周囲が多角的なサポートをして乗り越えることも重要で、選手がスランプに陥っているのであれば、『心配するな、今はエネルギーを溜め込んでいる時期で、もう少しで上手くなっている自分と会えるはずだ』と声をかける。しかし水をやりすぎると木は枯れます。緑の葉っぱの部分は大きくなっても、肝心の根が伸びない。周りから与えられるものでしか生きていけなければ、自分から求めて獲得する部分の割合が減っていきます。**苦しい時こそ他人をあてに**

せず、自分で解決することで自分の力を高めていって欲しい」と言う。

これは日々のトレーニングについてだけではなく、試合を戦っているときにも言えることだ。「たとえば、皆が苦しくて下を向いている時でも『大丈夫』『できる』『頑張ろうぜ』と鼓舞できる存在ならば、周りを引っ張っていくことができる。苦しい時に何ができるかというのが人間の一番大事な評価で、ゼロから1を発信できる人間になって欲しいと伝えている」という。

「『もうだめだ』の先にあるすごい自分を意識しろ」「誰でもできることを、誰もできないところまでやれ」「精神力は貯金と逆。引き出し続けることで増してくる」等々、自らも選手達に常にポジティブな声かけ、「言葉くばり」を続けることで、選手達の内面に働きかけているのだ。

「ここまでの4つの項目を一生懸命頑張ると、やっぱり苦しいんですよ。だから、ポジティブな考えを継続させるための5つめでもあるんです。『そうか、やっぱり苦しいだろ』と。でもこうも言うんです。『失敗なき成功者はいないぞ。痛いとか、苦しいという感情も大好きなサッカーの一部だ。それを受け入れて成長していくんだ』と。

思春期は発達段階においても自己肯定感を得にくい時期ですから、それをコントロールするのも重要なこと。**根拠がなくても『大丈夫』と声をかけることで、子ども達の行動が変わっていく。**中には卒業するときに、『先生、苦しいとき〝こそ〟前進しているって書いてください』と色紙を持ってくる子もいて、『お前もずいぶん成長したなぁ』と実感することもあります（笑）。子ども達ってやっぱり、大人にほめられたいんですよ」

「指導者の仕事は、生徒たちのcan notをcanにすること」だと平岡は言う。しかし当然ながら、100人を超える部員に手取り足取り細かく指導することはできない。一人ひとりが主体的に取り組むよう働きかけることが、指導者としての腕の見せ所である。

ここまで見てきた「大高サッカー部の目指すところ」のように、分かりやすく明文化することで、平岡は生徒たちの自主性や成長を促し続けてきた。これが、大津高校で「ゼロから1を創る」、その土台を築くうえで欠かせなかった。

「学校内でのサッカー部や体育コースに対する見方、これは赴任当時の先生方も含めてですが、それが肯定的なものではなかったので、まずはそこから変える必要がありました。サッカーと学校生活という2つの車輪があったとします。片方、つまりサッカーだけが大きくても、もう片方の学校生活が小さかったらどうなると思います？前に進んでいるようで、実際はその場をぐるぐる回っているだけです。だから学校の勉強が最優先。それは周りの先生方に私の理念を伝える意味もありましたし、サッカーを頑張るだけじゃダメなんだ、他の授業もちゃんと取り組まないとダメなんだということを示す意味もあったんです。だから私は体育コースの生徒以上に、普通科一般クラスの生徒も大事にしたし、むしろ体育コースの生徒にはあえて厳しく接してきました。体育コース以外の生徒たちにも、サッカーの面白さや楽しさを伝えていこう。できるっていうレベルに差はあってもいいから、**サッカーを愛しているとか、大津高校サッカー部を愛しているという方を、重要なキーファクターにしたい**。大津高校でサッカー部員が辞めていかない理由は、そこを大切にしてきたからで、それが今のバランスにもつながっていると思います」

今では、「大津高校から選手が欲しい」という大学も少なくないという。そうした要望があるのは、これまでに様々な大学へ進んだＯＢたちが、それぞれの進学先でそ

ベンチに入れなかった選手たちも熱い応援でチームを盛り立てる。
チーム愛を大切にする指導が、チーム全体の力を引き上げる

う思わせるだけの態度や存在感を示してきたからだろう。選手としてだけでなく、主務として運営に主体的に関わったりするケースもあり、後輩たちの道を拓くことにもつながっていった。また、Jリーグというプロの舞台へは進めなくても、フットサルやビーチサッカー、あるいは地域の普及活動や審判活動に活躍の場を移し、ここで学んだこと、身につけたことを実践している卒業生も多い。

「子ども達の成長には時間差があります。それでも、最終的に所属しているチームでレギュラーになったり、ビーチサッカーで日本代表になったり、入社した企業で主力として働いていたり、事業を興したり……。地域で信頼される存在になっているのは大きな成果だと思います。これまで送り出した生徒たちが、大津のプライドを持って頑張ってくれて

大津高校のユニフォームのために、エンブレムのために汗をかく。
そういう意識を高めることで校内でのサッカー部のステイタスが変わった

いるからだと思っています」

平岡が赴任した当初は体育コースの生徒が中心だったサッカー部だが、現在では普通科の生徒も多く在籍し、レギュラーの割合も決して体育コースの生徒中心ではなくなった。そればかりか、学業成績の優秀な生徒も増えて進学実績でも学校全体を牽引するまでにもなった。平岡が赴任した頃と比べて、学校の中でのサッカー部の位置づけ、ステイタスが変わった。時間はかかったが、いちばん身近な校内にサッカー部を支持してくれる生徒や教員、言わばファンを増やしていった。そうした地道な取組みを通じ、熊本商業で形にしたのと同じように、大津高校でもまさしく、「ゼロから1」を創り出したのだ。

2　24時間をデザインする

1日は有限、使い方は無限

平岡和徳の教師生活は、まず自分の目標を定めるところから始まった。熊本商業に赴任して最初に掲げたのが「熊本県で優勝する」「熊本県から日本一のチームを出す」「サッカーを通して生徒を人間的に成長させる」というものだ。これは、夢の実現に向けて必要なのは方向性を定めることだという、平岡自身がこれまでに接してきた指導者から受けた教えでもある。

先ほど紹介した「大高サッカー部の目指すところ」と5つの規則、細則を定めたのも、「サッカーを通して生徒を人間的に成長させる」という目標実現のためだ。

同じように、生徒たちにも夢や目標を持たせるにあたって言いはじめたのが、「24時間をデザインする」ということだった。

「アスリートには、トレーニング（鍛える）の時間と食事、そして睡眠という3つのサイクルが必要ですが、これがバランスよくコントロールされていないと体も大きくならないし、技術も伸びず、いいパフォーマンスを発揮できるようにはなりません。24時間をデザインするというのは、そのバランスをセルフプロデュースしようということ。トレーニングについては私がコントロールできますが、それだけでは目の届かないところがある。特に**栄養と睡眠をはじめ、生活習慣をしっかり作ること**も目標に向かっていくには必要なことですし、学校の授業に対する態度、勉強に向かい合うことも含めて、24時間をデザインしようということを言うようになったんです」

平岡が重視するのは、摂取する栄養の質とタイミング、そして休息の質とタイミングである。この点、体育コースの必修科目で体育理論を学ぶことができるのは大きなメリットだと言える。体育コースの生徒たちが身体づくりやコンディショニングについての正しい知識を学べば、それを体育コース以外の生徒たちへ伝え、サッカー部全体で共有することができる。

「人類は電気のない時代から、日が昇るころに起きて、日中は働いて、日が沈めば休むという生活を何万年も繰り返してきたわけですから、DNAに刻み込まれたその流れに逆らうのは効率的ではありません。成長ホルモンがコンスタントに出るようにするには、やっぱり深夜の時間帯はしっかり身体を休めて眠ることが大事なんです。大津高校のグラウンドに照明設備はありますが、あれは朝練習のためにつけたもので、夕方の練習が終われば、すぐに消します（笑）。それから家に帰って食事をして、勉強をして、しっかり眠る。この時間に寝るのは明日の朝何時に起きなければいけないからという風に、24時間がシステマティックに動いていく。ナイター設備が整っていて長い時間練習できる私立の学校も全国にはありますが、トレーニングをいくら長くやっても、寝る時間が遅くなると成長ホルモンが出にくくなる。食事についても、この栄養素を摂るのはこういう身体にするためだという夢や目標を持って子ども達が計画し、実行していく。３年生になる頃には、そういう成功へのプロセスをスムーズに構築できるようになっていきます。高校生として、アスリートとして当たり前のことですが、**その当たり前のレベルを上げていく**ことが重要なんです」

大津高のライバルである私立のルーテル学院高校で監督を務める小野秀二郎は、大津高校普通科体育コースの2期生にあたるOBだ。その小野が平岡に、こんなことを言ったことがあるという。

「『先生、大津の選手達は夏を過ぎると、お尻が大きくなりますよね』と言うんですよ。『俺は男の尻を見る趣味はないぞ』と笑って返しましたが、そういう風に身体を作ることも、子ども達が意識しているからなんです」

たとえば大津高に赴任して数年間は、教え子を残してきた熊本商業にかなわない時期があった。「熊本県で優勝する」という目標と現実のギャップを埋めるには、「can not を can にする」、つまり今できないことをできるようにすることが必要で、それには「トレーニングの機会を増やすしかない」と、「一技2万回」を説いた。「ゼロから1を創る」「諦めない才能を育てる」といった点について、「変化の先に進化がある」

ということを平岡は述べているが、「24時間をデザインする」のもまた、最初に変化をもたらすために必要なことだったのである。

「**24時間は有限ですが、その使い方は無限です。**ドリブルならドリブル、ヘディングならヘディングと、具体的にこのスキルを磨きたい、サッカーがうまくなりたいと思ったら、朝何時に来ても良いからやろうよということなんです。朝だから、眠いから、寒いから、だるいからやりませんというのは、私の辞書にはなかった（笑）」

大津高で今では当たり前になっている始業前の朝練習も、そうして「進化のための変化」を説いた結果、自主的に始まったものである。そういった経緯から、朝の練習は全体トレーニングを行うのではなく、それぞれが自らのテーマに打ち込む時間になった。もちろん生徒たちには、自分の課題は何か、あるいはさらに伸ばしたい部分は何かを自ら見つけることが求められる。

「自ら課題を発見してそうしたことができる人間が、やっぱり結果を変えていく。**変化を求めてアクションを起こした人間に、次の進化があるん**です」

朝練習。早朝、まだ薄暗い時間から部員たちが姿を見せ始める

「学校のモノサシ」を変えた朝練習

東の空が少しずつ明け、グラウンドに阿蘇の山々越しの陽光が差すころ、紺色の詰め襟姿のサッカー部員たちが1人、2人と部室へやってくる。JRを使って通学している生徒はもう少し遅れてのスタートになるが、寮や下宿で暮らす生徒は早ければ5時半ごろには学校に着くという。

朝練習に充てられるのは、学校の授業が始まる前の約2時間だ。部員たちはそれぞれが思い思いに身体を動かす。短い距離のスプリントを繰り返す選手がいれば、グラウンド脇に吊るされたボールに向かい、ひたすらヘディングに励む選手もいる。ある者

約２時間の朝練習では各自がテーマをもって、それぞれのメニューに取り組む

は体幹強化のメニューに取り組み、ある者はマーカーコーンを並べてドリブルに打ち込み、別のある者はシュート技術を磨く。そうして一人ひとりが、朝の貴重な時間で黙々と自分が設けたテーマに取り組み、最後の約20分間は４対４や５対５のミニゲームで締めるのが恒例になっている。

練習を終えると部員たちは再び制服に着替えてそれぞれの教室へ向かい、高校生としての１日がスタートするわけだ。

１９９３年から25年間、大津高校に勤務した平岡は、その様子を見届けるため、毎朝６時前にはグラウンドに姿を見せた。

とは言っても、この時間に細かい指導はしなかった。短い挨拶を交わしたあと、ピッチの外周を少し早い速度でウォーキングしながら、部員たちの様子に目を配った。

「朝は基本的に自主練習です。最初の頃はもっと注文したり、テクニックを磨くためのクーバートレーニング（個人技術を高めるために、1970年代後半にオランダ人のウィール・クーバーが開発したトレーニング）などをやっていました。でも次第に、**誰がいちばん最初に来てボールを出すのか、誰が真剣に取り組んでいるのかを見る時間**になりました。夕方の部活動の時間は主にトップチームを中心に見ますが、全体を把握して生徒たちの人間力を確認するには、自分にとっても朝練習がいちばん良かった」

そうして生徒たちの様子をつぶさに観察することが、「平岡先生がメンバーを決めるんだったら間違いない」という説得力や、しっかり見てもらえているという安心感を増すことにもつながった。

朝練習が当たり前になれば、生徒たちは当然、早起きするための生活習慣に変えなければならない。おのずと夜更かしはできなくなり、前項で述べた通り、自らの24時間をデザインすることにつながっていく。さらに別の効果もある。

平岡も毎朝６時前には朝練習に姿を見せた。朝練は選手個々の課題発見能力や主体性を見る機会にもなっている

「朝練習の時間にどんなことに取り組んでいるかを見ることで、その選手の課題発見能力や、主体的に取り組んでいるかどうかが分かるんです」

つまり、自分で積極的に課題を見つけ、解決するために計画を立て、実践し、チェックする。そのプロセスを個人で進めていくという、平岡が求める「進化のための変化」に主体的に取り組めているかどうか。それを見ることもできたのだった。

朝練習にはまた、サッカー部の外でのもっと大きな作用もあった。それは「学校のモノサシ」、つまり基準を変えるということだ。サッカー部の生徒たちがそうやって朝練習を始めるようになったのをきっかけに、大津高校では他の運動部の生徒たちも朝早く登校し、自主的に練習する光景が見られるようになっていったのである。

「それまでは、朝早く来て練習するのは照れくさいとか、恰好悪いとか。自分で勝手に決めたモノサシが基準になっていました。でも、**上手くなりたい、勝ちたいという気持ちがあるなら、そんなモノサシは捨ててしまえばいい**。だから今では、朝練をやる運動部も増えましたし、運動部に入っていない生徒でも、朝早く学校に来て勉強している子もいます。私が赴任した頃にはなかった新しい習慣が、大津高校に生まれたんです」

サッカー部の取組みや目標を定めてそこに向かって努力を惜しまないという姿勢が少しずつ広がり、学校そのものの文化を変えていったのだ。

実際に、サッカー部のみならず、他の運動部や体育コースと同じクラス編成になっている普通科美術コースの生徒たちが所属する美術部、あるいは吹奏楽部など、様々な部活動で好成績が出るようになった。また、熊本市内の進学校に比べればまだ少ないとは言え、1990年前後までは1桁台だった国公立大の現役合格者数が安定的に

勝利の喜びを分かち合うサッカー部員と在校生たち。この一体感からも生徒たちの母校に対する愛情やプライドがうかがえる

30名を超えるなど、大学進学実績も向上。生徒一人ひとりがそれぞれの24時間を自らデザインすることで、どんな分野においても結果がついてくるようになったのだという。

「吹奏楽部が演奏する中での全校応援などは、他の学校ではなかなか味わえない一体感がありますし、生徒たちが学校にプライドを持てるようになったんじゃないでしょうか。熊本市から40分、阿蘇の麓の田舎にありながら、定員割れもせずに1学年8クラス、約1000人という規模を維持できているのは、そういうことも理由の1つではないかと思います」

この話を聞いた当時、平岡は大津高校の教頭になっていた。サッカー部の総監督としてというより、管理職としての誇らしげな表情が印象的だった。

練習時間は１００分

大津高校サッカー部はこれまで、50人近いＪリーガーを輩出してきた。地方の公立高校としては全国でも屈指の実績だ。

その数字だけを見れば、よほど長い時間、練習に取り組んでいるのだろうと思われがちである。しかし実際は、放課後の部活動の時間に行う練習は１００分間と限られている。全体トレーニングを終えたあとで20分程度の自主練習に励む部員もいるが、大部分はだらだらと居残ることはせず、練習が終わればサッと着替えてグラウンドを後にする。25年間、同校を率いた平岡や、現監督の古閑健士《こがけんし》もそれを促《うなが》している。

「上手くなるにはトレーニングの機会を増やすしかない」、あるいは「一技２万回」という、先に紹介した言葉とは矛盾するように思えるかもしれない。

全体トレーニングを１００分間で終わらせる理由はいくつかある。その１つ目は、生徒たちに『自分自身をコントロールする』力を身につけさせるためだ。

平岡は、帝京高校（東京）で過ごした自らの高校時代を振り返りつつ、口を開く。

「昔は、部活動の練習も3時間とかザラだったでしょう。じゃあ、その3時間を高校生が集中できるかと言えば……いかに楽をするか、いかに休むか、いかにサボるか、そんなことしか考えない選手が多かった（笑）。**人間、終わりがないと途中を頑張れないものです。**ですから、全体での練習は100分で終わりと決めて、その途中を全力でやる。しかも『やらされる』んじゃなくて、生徒たちが自分から『やる』という環境を作ることが大事なんです」

学校行事やカリキュラムの関係もあり、授業が終わる時間は日によってまちまちだ。それでも、16時半に練習が始まれば18時過ぎ、17時頃にスタートしても19時前には、全体練習は終わる。グラウンドに小さな照明設備はあるが、時間になれば有無を言わさず照明は落とされる。

サッカーが1試合90分で行われることを考えれば、100分という長さは集中力を維持するうえでも適切な時間だと言えるだろう。

100人を超す部員が同じグラウンドで練習を行う。コーチの笛を合図に次から次へとメニューが進んでいく

その代わり、その100分間には一切の無駄がない。「いかに楽をして、いかに休んで、いかにサボるか」など考える暇も無く、コーチの笛を合図に次から次へとメニューが進んでいくからだ。さらに言えば、100人を超す部員が同じグラウンドでトレーニングをするにも関わらず、たとえ新入部員であっても（中には高校から本格的にサッカーを始めるという部員もいるが）単なる〝ボール拾い〟役の選手はいない。

トップチームとBチームにグルーピングされてはいても、週末のゲームに向けてフォーカスする戦術練習などが異なる場合を除けば、基本的には誰もが同じメニューに取り組む。これも大津高校のトレーニングの特徴の1つと言える。

トレーニングはウォーミングアップから始まり、

練習時間は100分だが、途中で選手が足を止めることはほとんどない。無駄のない練習が集中力の維持と翌日への意欲につながる

コーディネーションやボールタッチ、パスワークとシュート、戦術練習を経てゲームと進んでいく。オーガナイズに応じた簡単な説明はあるが、トレーニング時間の中で選手達の足が止まることはほとんどない。自ずと一人ひとりの運動量は上がり、ボールに触れる回数も増えていく。「100分間の中で10km走らせることもテーマの1つになっています」という平岡の言葉の通りだ。

そして全体トレーニングを100分に制限する理由のもう1つが、「良い流れで翌日の練習につなげる」ためである。

「生徒たちの集中力を維持することにくわえて、指導する以上は彼らを必ず良くしていく責任がありま す。選手達が『この監督は、良い練習をするなぁ』『ああ、あのトレーニングがゲームでこういう風に成功につながるのか』と感じてもらうように、信頼関係を作っていかないといけません。『今日はどうしてこのトレーニングをやるんだろう?』とか、『先週はなぜあのトレーニングをやったのかな?』という疑問を通して、『この成功につなげるためにあの練習をやったんだな』とか、『このプレーができるようになるために、あの時強く言ってたんだな』と、毎回、思わせなきゃいけないんです」

たとえば、ある試合で中央からばかり攻撃して得点が生まれなかった時は、翌週のトレーニングでクロスの練習に時間を取る。その結果、次のゲームでサイドからのクロスによってゴールが生まれれば、選手達は「こういう得点を、トレーニングでイメージしていたんだな」と気づくことができる。

「余計なことは言いません。なぜなら、私が言うことによって彼らの〝気づく量〟が減るし、なおかつ〝やらされてる感〟が出てしまう。気付きの量を増やすことで、成功の確率は上がっていくんです。もちろん、『もっとこうできたら、この前のゲームで勝てていただろ?』とか、『だからこの前のゲームでは失敗したんじゃないか?』といったヒントは出します。でも必要以上には言いません。ミーティングは練習後も

練習を通じて選手たちの「気づき」の量を増やし、
成功の確率を高めていく

試合後も極めて短いですし、**教えない指導も大事。それより、彼らに気づかせることの方が重要**なんです。だからこそ『やらされるのではなく、勝ちたいから進んでやっているんだ』という方向に持っていく。『これをやることで勝てるようになるんだな』と理解して質を高めていくのと、何も考えないでやるのとでは、結果も違ってきますからね。失敗しても、『あの練習をもっとしっかりやっておけば点を決めることができたな』とか、次の練習にフィードバックできる刺激があればいいんです」

重要なのは時間の長さではなく質であり、子ども達にとってプラスに、成長の糧になっているかどうかだということ。練習時間を

100分と区切ることで、集中力を保つのと同時に内容も濃密なものにし、「もっとやりたい」「もっと上手くなりたい」という気持ちを次の日へつなぐ。それが選手達の自主性を引き出すことにもなり、ひいてはそれぞれが主体的に、自分の24時間をデザインしていくことにもなっていくのだ。

常識にとらわれない考え方をしてみる

前項で、100名を超すサッカー部をAとBの2つにグルーピングしていることについて触れた。実はこれには、平岡ならではの考え方、工夫がある。

「実際にはAが1~3、Bも1~3と6段階になっていますが、あえてAとBの2つのラージグループに分けるのには理由があります。生徒たちのモチベーションにも影響しますし、中学校など前所属チームの指導者から尋ねられた際、EやFだと答えにくいですからね。教え子が大津高校に進んだけれど、まだFチームかと聞けば、その指導者も残念に思うでしょう。でも『Bチームで頑張っています』と言われれば指導者も嬉しいし、そこでサッカーをしている後輩達にとっても、『自分たちの先輩が大津高校のBチームで頑張っている』と聞けば、きっとモチベーションも上がる」

また、ある年には、キャプテン以外の3年生全員を副キャプテンとしたこともあった。これは最終学年として責任感を持たせるとともに、大学の面接などで「大津高校で副キャプテンをやっていました」とアピールできるようにとの思いもあったという。

こうしたやり方は言ってみればトリックなのだが、子ども達へどう働きかければ成長につながるかを考えての判断だったのだ。

「1年生のころはできないことがあっても、2年生で成長して、3年生になってリーダーシップを発揮できるようになるというような、段階的な発達がありますから、それを見極めての判断が必要です。この時は人間的にも素晴らしい生徒が揃った学年で、キャプテン1人は決められても、副キャプテンは決めがたいという年でした。『それなら、キャプテン以外の3年生、全員が副キャプテンだ』と（笑）。ですから、毎年そうだというわけではありません。キャプテンが1人で、副キャプテンが1人か2人というのが世間的には常識かもしれません。でも、その常識にとらわれることはない。大津高校には大津高校の常識があっていいじゃないですか」

全体トレーニングの時間を100分と区切るのも、技術を磨くために朝練習を選手達が自主的に行うようになったのも、そのきっかけは一般的とされる常識の枠を外した自由な発想からだった。入学するまでFWでプレーしてきた選手を後ろに下げたり、逆にDFだった選手を前線で起用してみたり、サッカー経験が決して長くない選手の身体能力を買って、いきなり世代別代表に推薦したりするのも、そうした常識にとらわれない平岡のものの見方、考え方が土台にあるからこそなのだ。

3 個性を伸ばす

ストロングポイントを磨く――ハンカチの例え

地元のJ2ロアッソ熊本で今も若い選手達を引っ張る存在感を見せているFW巻誠一郎、リオデジャネイロオリンピックに出場しDF植田直通（鹿島→ベルギー・セルクル・ブルージュKSV）、本大会のメンバーからは漏れたがアジア予選（AFCU―23選手権2016）で重要な働きをしたFW豊川雄太（鹿島→岡山→ベルギー・KASオイペン）、クレバーかつ正確なプレーを見せるJ1川崎フロンターレの谷口彰

在学中からキャプテンシーを発揮していた野田裕喜は
卒業後はガンバ大阪でプレー

悟と車屋紳太郎、縦に突破するスピードに絶対の自信を持つJ2V・ファーレン長崎のFW澤田崇、在学中から強烈なキャプテンシーを発揮していたJ1ガンバ大阪のDF野田裕喜、野田と同学年で高さもありながら足元の技術に優れる同じくガンバ大阪のFW一美和成……等々、大津高出身のJリーガーはいずれも、自らの強みに磨きをかけてプロになった選手たちばかりだ。

もちろん、プロとして生き残っていく上でそれは必要なことで、高校の部活動で育ったかJクラブのアカデミー出身かを問わず、Jリーガーの多くはそれぞれが自らの強みと言える部分を持っているだろう。

だが、それを自分で見つけて順調に伸ばしていく

野田と同学年で、同じガンバ大阪でプレーする一美和成も在学中から自らの強味を発揮していた

のは容易なことではない。というのも、本人が自覚する強みと、指導者の目で見た強みが必ずしも一致するとは限らないからだ。場合によっては、本人が不得手と考えているプレーが、磨けば光るようにならないとも限らない。あるいは、プレーしたことのないポジションに実は適性があり、そこをきわめることで大成する可能性を秘めているかもしれない。

平岡は、生徒たちが大津高で過ごす3年間で、その強み、ストロングポイントを見出して徹底的に磨き、高めることに注力してきた。先に挙げた巻や谷口、車屋、植田、豊川、野田、一美などは、高校に入ってから複数のポジション（DFからFW、あるいはFWからDFなど）へコンバートされた経緯がある。

「私達の仕事は、『君のストロングはこれだよ』ということにちゃんとフォーカスして、**子ども達が『自分の武器はこれなんだ』と自覚して磨かせること。**ただ漠然とサッカーをやってもだめで、ウィークポイントに関しては、『ここは監督から言われないように、上手くなるように自分で努力しよう』となる方が、選手にとっても気付きの量が増えます。逆に嫌なこと、『お前はここがダメだ』と言われ続けたら、サッカーに対して消極的になってしまうかもしれません。ですからストロングポイントを徹底的に磨きつつ、朝のトレーニングでウィークポイントを克服していくということなんです」

たしかに、自分の得意な部分を認められ褒められれば、「もっと上手くなってもっと褒められたい」という欲も出てくる。もちろん、ウィークポイントを克服することもアベレージを上げることにつながるが、それは高校での3年間=1000日間で段階的に高めていけばいいと、平岡は考えている。

「私の預かる1000日間で、何でもかんでも全部はできません。勝負の世界で生き残るには、アベレージが高いだけではしょうがなくて、外に出て挑む時に通用する『武器』を身につけなければならない。それによって褒められて、認められて、**サッカー**

をもっともっと好きになって、もっと上手くなりたいと思える環境を作ることも大切です。ですから、1年生は特にストロングポイントを意識してトレーニングに臨ませます。2年生に進級した時に少し停滞する理由は、『もっと上手くなりたい』という欲をウィークポイントにかける時間が増えてしまうからで、そこで少し成長が鈍ることがある。しかし本人の強みを気づかせることができれば、3年生になってまた一気に上がっていく」

平岡が選手達のストロングポイントを見極めるのは、主にゲームを通じてである。

「プレーのなかで成功が多い選手は、やっぱり日常生活もきちんとしていて、コミュニケーションスキルもあって、人に対する思いやりが深い、そういう子が多い。失敗が多い子はその逆です。そして、自分のストロングポイントを理解できていない選手は、プレーが中途半端になります。この時間に交代で出るということは、自分の強みである縦への速さを出さなきゃいけないんだなとか、相手のエースに粘り強くついて抑えることなんだなとか、ゴール前でのシュートだな、とか。**自分が試合に使われる理由を分かっていて、それを表現できる選手**は監督として起用しやすい。ですから、せっかく持っている良い部分をトレーニングで高められなかったり、そこを強調して伝えても反応が鈍かったりすると、なかなかゲームでは生かせなくなってしまいます」

平岡がこのストロングポイントの話をする際、例えるのが1枚のハンカチだ。

「ドリブル、ヘディング、スピード、シュートがハンカチの四隅にあるとしますね。で、このハンカチの1つの角を持ち上げても全部は持ち上がらなくて、周りは上に上がってきません。でもハンカチというのは、真ん中をつまんで持ち上げれば、四隅が全部、上がりますよね。だから、『何がこの子のいちばんの武器なのか』を見極めて、選手一人ひとりのストロングな部分をハンカチの真ん中に持ってくる。その作業をいかにやっていくか。試合に使う理由について『このプレーがいいからだよ』と伝えるのはそういうことで、『だから今日のゲームはお前のストロングを発揮するしかないじゃないか』と言ってハッパをかける。ゲームに出て、ただ頑張るというより、『自分のストロングな部分、武器を認められて試合に出るんだから、絶対にチームに貢献してやろう』という考え方のできる人間は、おそらく社会に出てからも役に立つ人間になると思うんです」

2014年には同学年のＯＢ６人がそれぞれの大学を経てプロ入りした。左から園（かこい）謙太朗（桃山学院大→FC東京）、松本大輝（法政大→ヴァンフォーレ甲府）、谷口彰悟（筑波大→川崎フロンターレ）、澤田崇（中央大→ロアッソ熊本）、坂田良太（鹿屋体育大学→栃木SC）、藤嶋栄介（福岡大→サガン鳥栖）。※加入先は当時。

さらに、その強みを複数のポジションで活かせるように試すのも、トータルフットボールを意識した平岡のやり方だ。

「ヘディングがストロングな選手なら、センターフォワードもセンターバックもできた方がいいし、足が速ければ2列目やアウトサイドでプレーできれば幅が広がる。そういった特性の部分で、『お前はここがストロングだから、ここのポジションを頑張れ』と1つに絞ってやらせるのではなくて、ストロングな部分を活かすために最低でも2つのポジションはできるようにしようと」

そうして選手個々の強みを明確にすることで、個性的で特徴のある選手が育っていく。巻ならヘディングとメンタルタフネス、植田ならフィジカルの強さと闘争心、野田なら競り合いやフィードと統率力など、ピッチ上でのプレー面にとどまらないメンタルも含めた選手としての強みは、プロになっても生かされている。

これも平岡が掲げる、「諦めない才能を育てる（獲得する）のがスポーツ最大の財産である」「技術には人間性がストレートに現れる」といった教えを、彼らがしっかりと受け止め、自分のものにしてきたからこそなのである。

本物に触れさせ、折れない節をつくる

平岡が熊本県教員となって赴任した初任校の熊本商業高校で、生徒たちの前で実際にボールを蹴って見せたという話を先に述べた。全国高校選手権を制したチームでキャプテンを務め、ユース代表やユニバーシアード代表としてその世代の第一戦でプレーしてきた選手が指導者として目の前にいるという状況は、当時の部員たちにとっ

て非常に刺激的なものだったに違いない。

サッカー人としての平岡和徳のバックボーンをひもとくにあたって後に少し触れるが、平岡が小学生だった頃、セルジオ越後が学校を訪れ、その巧みなボールテクニックを教わったことがあるという。自身にもそうして「本物に触れる」機会があったことで、目標に向かって進むことができたのだろう。


そうした経験があるからこそ、生徒たちにも「本物を見せる」ことを重視する。幸い、大津高校から車で10分ほどの場所には、1999(平成11)年の「くまもと未来国体」に合わせて整備された大津町運動公園の球技場があり、年間を通して良質な芝が保たれている。国内外のプロチームがプレシーズンにキャンプなどで利用することも多いため、練習試合の相手を務めたり、トレーニングを見学したりする機会に恵まれているのだ。

また毎年1月2日には、同校を卒業したJリーガーも含め、JFLや大学でプレーを続けるOBたちが集まって恒例の初蹴りが行われるが、そうした機会に先輩たちのプレーを間近で見ることも、現役の生徒たちにとっては貴重な経験になっているはずだ。

「サッカーに限らず、いろんな本物はあるので、良い機会を作りたい。**本物を見ることで子ども達が本気になって、本物に変わっていく**という流れがあります。大津高校でのトレーニングで作り上げていく部分もありますが、それとは別に、インターナショナルな部分に触れて作り上げていく部分もある。大津町運動公園の球技場でやっているプロのトレーニングを見せに行ったり、練習試合の相手をしたりするのもそういう機会だと思っています」

全国高校選手権出場を逃した年には、毎年年末に韓国遠征を行っているのもその一環で、「才能のある連中には次から次にどんどん新しいテーマを加えていく」という。

たとえば巻誠一郎や谷口彰悟、植田直通といった選手達には、在学中から「日本代表になれる」という可能性を感じていた。そうした場合、「どのポジションがふさわしく、チームに貢献できるか」という逆算をすると言うが、「よそのチームにも、そういう選手はたくさんいる」からこそ、日々直接見て、選手の特性を知っている指導者がどう視野を広げるかで、その選手の将来は変わってくる。

「巻は強みがハッキリしていました。何と言ってもヘディングです。それからアイスホッケーをやっていたのでコンタクトプレーにも強いし、人に身体をぶつけられることに快感を持っていました（笑）。人に強いしゴール前での勇気もあるので、あとは技術を整えていけば良い。私の足の甲から血が出るくらい、センタリングを蹴ってヘディングさせましたが、それに応えうる人間でした」

巻は２０１７年の明治安田生命Ｊ２リーグ第４節、アビスパ福岡戦で、相手選手のキックが顔面に入って下唇のまわりを20針も縫う大けがをしたが、口の中を真っ赤にしながらも闘志あふれるプレーを見せ、このシーズンの自身の初ゴールを挙げている。

高校時代のエピソードよりも、プロになってさらに凄みが増しているようでもある。

「植田の場合は、トータルの身体能力です。小さな中学校出身で、それまでにいろんなスポーツを経験してきているので、ソフトボールでもハンドボールでも、何でもエースだったんですよ。走る、跳ぶ、蹴る、どれもが飛び抜けている。でもボールを運ぶ、止める、これが入学してきた時はできなかったので、これをどうコントロールするかがテーマでした。最初はＦＷでしたが、そのままセンターフォワードとして育てても荒削りで終わってしまうだろうと思ったんですね。プロとしてやっていく、そして日本代表へと上がっていくには、後ろ（ＤＦ）に下げてサッカーの本質をしっかり理解させる必要がありました。端から端までワンステップで蹴れるようなセンターバックがいれば、それはものすごく楽でしょう。ただ、最初は１００人が見れば99人は、代表なんて無理だろうと思ったでしょうね」

植田とともに卒業後は鹿島アントラーズに加入、Ｊ２ファジアーノ岡山への期限付き移籍を経てベルギーのＫＡＳオイペンへ移籍したＦＷ豊川雄太は、在学中からゴール前での得点感覚に優れた選手だった。

「豊川は自分の得点の可能性が高まる動きやペナルティエリア内での仕事が分かっていて、消えることもできるし、ミドルシュートも、裏から抜け出してのシュートもできる。そういうストロングな部分を磨いてＵ—23日本代表にまでなりましたからね。国体での試合でしたが、ゴール前で３回切り返して、無人のゴールに決めたこともありました」

平岡が「どこで使うか、いちばん迷った」というのが、川崎フロンターレの谷口彰悟だ。それは平岡の言うサッカー選手としての「アベレージ」が、それまでに見てきた選手と比べても一段上だったからである。

「小さい頃から九州トレセンに入っていたのでプレーは見ていましたが、感じたのは『良い姿勢でボールを蹴るなぁ』ということでした。顔が常に上がっているんです。アベレージが高く、どのポジションでもプレーできますが、谷口の正確なパスはゲームをコントロールする上で要《かなめ》になりますから、だったらボランチだと。フロントーレでは最終ラインに下がっていますが、あのポジションでもタイミングのいい正確なパスは生きていますね」

適性ポジションの発見や、FWからDF、DFからFWへといったコンバートには、「指導者自身が広い世界を知っていないといけない」と平岡は言う。

「行ったことがない場所の水の温度は分からないものです。『あそこの温泉、良い温泉なんですよ』って言われても、それがヌルヌルしているお湯なのか、白濁したお湯なのか、どんな効能があるのかというのは、行ったことのある人でないと分からない。だから選手を伸ばすためには監督や指導者の経験値も必要で、そこに信頼関係や安心感があるかどうかでも変わってくると思います」

そうやって新たなテーマを与えることが、「良い〝節〟を作ることになる」という。
「竹と同じです。しっかりした節のある竹なら、横風が吹いても向かい風が吹いても大丈夫です。そういうことに対応できるシナリオを通して、水をやりすぎて枯れることもないように、『折れない節』を作っていかないといけない」

杭も出過ぎれば打たれない

「本物に触れる」という意味では、教員として熊本に帰った直後からの取組みもあった。高校、大学を熊本県の外で過ごし、日本のトップレベルや海外を見た経験を持つ平岡にとって、視線の先にあったのは県内の環境や事情ではなく、強豪と言われる熊本県外の高校だった。

練習試合も県内の高校とはほとんど行わず、古沼貞雄（帝京高校）、小嶺忠敏（国見高校→長崎総科大付属高校）、松澤隆司（鹿児島実業）といった指導者の胸を借り、ゴールデンウィークには、筑波大の先輩にあたる石橋智之（現愛光学園教諭）のもとで全国を制したこともある愛媛の南宇和高校へ足を伸ばし、夏休みには山梨の帝京第三高校で行われる、姉妹校を集めた「帝京ファミリー」の合宿にも参加した。

合わせて、指導者として自らの知見を広げることも怠らなかった。

「大津に来て5年くらいは、春休みの期間には自分の感性を磨くためにオランダなどのヨーロッパや南米に行っていました。選手時代にも遠征に行った経験はありましたが、それは競技場とホテルの往復だったので（笑）、指導者として異文化に触れることも必要だと思ってね。日本サッカー協会の国際部に連絡を入れて、この時期にヨーロッパに遠征に行くチームはないかと聞いて、そこに同行させてもらったりもしましたね。自分自身の指導には自信があったので、そうやって海外へ行くことで説得力をプラスできればという思いもありました」

熊本県選抜チームの監督を務めた際には、熊本県サッカー協会に海外遠征の企画書を提出したこともあったという。

「ところがね、一蹴されるんですよ。日本代表選手を作りたい、各カテゴリーの代表選手を熊本県から出したい、インターナショナルな選手を出しましょうと言っても、協会の幹部の方達にはピンときていなかったんですね。私が熊本に帰ってきた当時は、まさか熊本県から日本代表選手が出て、オリンピックやワールドカップでプレーする選手が出るなんて、誰も考えていませんでしたから」

当時の熊本県サッカー界において、平岡の考えや動きは「出る杭」だったのだろう。しかし、平岡と同じ景色を見てきた指導者や関係者は、熊本にはいなかった。地元に帰り指導者となってからも、これまでに多くのプロ選手を育て、日本代表も、オリンピックやワールドカップに出場する選手も輩出した。「出る杭」ではあったが、経験も実績も、そして発想も「出過ぎた杭」で、周囲がその頭を叩こうにも、既に届かなくなっていた。

「熊本県から日本一のチームを出す」「サッカーを通して生徒を人間的に成長させる」という目標に向かって心血を注いできた平岡にとって、自身が指導するチームを強化するのと合わせて、「熊本県全体の体質を変える」こと、そのために「若い選手や若い指導者を押し上げる」という作業が、次のミッションになった。

グラウンドには「全国制覇」の幕が掲げられている。かつては「日本一」を目指す平岡の考え方やアプローチは県内では「出る杭」であった

「単に出ている杭は打たれますけど、出過ぎれば打たれないでしょ（笑）。周りが何も言わなくなったから、私の教え子たちも含めて、これから熊本県のサッカー界をもっと良くしていくものを作っていかないといけない。私は、才能ある『出る杭』を下から押し上げていく作業を、これから始めていくところです。それが、この先10年のテーマになると思っています」

指導者として歩んできた平岡の姿そのものが、自らのストロングポイントを自覚して伸ばし、諦めずに進んでいくことの大切さを教えているようである。

4　安心できる場所を作れているか？

オープン・マインドの姿勢とプレーヤーズファースト

指導者として平岡が大切にしている考えはいくつかある。トレーニングを100分間に限ることや、公立高校であるため選手の勧誘やスカウトはせず、「大津高校でサッカーに取り組みたい」という思いを持つ子ども達を広く受け入れることもその1つ。もちろん正式に部員となるには入学試験をパスしなければならないが、練習参加はいつでも認め、在校生と同じ大津高の練習着を着せて意欲を高めさせる。また、これまで数多くのプロ選手を輩出しながらも、あくまで「職業は教師であり、仕事は人づくりである」と自覚し、その姿勢を貫いていることも平岡のこだわりである。

ただその中でも大きな割合を占めているのが、「オープン・マインド」な姿勢と「プレーヤーズファースト」の視点だ。

前述した「大高サッカー部の目指すところ」にある「強いチームは良いあいさつができる」という項目は、コミュニケーションの原点である挨拶にフォーカスして、オープン・マインドの重要性を説くものだ。平岡は生徒たちにそれを求めるのだが、求めるだけでなく自らもそのスタンスを重視して、実践する。しかしそれは決して、挨拶や対話などコミュニケーションの場面に限らない。

指導者の場合、それぞれが重ねてきた経験から自分なりの指導法や理論を持っているものだが、それは時として偏ったモノの見方につながってしまうケースがありはしないだろうか。生徒達、選手達にオープン・マインドの重要性を説く以上、自らもその姿勢を持っていなければならないと考えるからこそ、常に心を開いておくことを意識するのだ。

とは言っても、これは単に自分と異なる意見を取り入れる、という意味にとどまらない。

「自分の意志で取り入れた情報には偏りが出ますし、情報をインプットしさえすれば良いというわけでもない。だから、**取り入れた情報は自分というフィルターを通して取捨選択し、加工する**必要があると思います」という。

平岡が教員となって30年ほどが経つが、この間、指導してきた教え子の中には、プロ選手になった者だけでなく、既に教員となって中学、高校など様々なカテゴリーで指導の現場に立っている者も少なくない。また直接の教え子でなくとも、練習見学の申し出があれば受け入れ、時に話し込むこともある。そうした場合、平岡のトレーニングを見学した指導者は、自分のチームにとって有効な部分を選んで持ち帰り、生かそうとするだろう。高校の指導者の中には、「大津高を倒すために、これにアレンジを加えよう」という発想が出てきても不思議ではない。それも承知の上で、平岡は心を開いて接し、対話する。

「私のアドバイスは彼等にとってヒントになるでしょう。当然、私は彼等に出したヒントを〝埋める〟ような、新たな知識をインプットしなければならない」

教員になって間もない頃、春休みにヨーロッパや南米まで足を伸ばしたことについて先に触れたが、そうした取組みもその一環であろう。

平岡の「オープン・マインド」の姿勢を紹介する上で、1つ象徴的なエピソードがある。現在、J2ロアッソ熊本でゴールキーパーコーチを務める澤村公康が、かつて大津高校でゴールキーパーコーチをしていた頃の話だ。

「私が大津高でキーパーコーチを始めたのは1998年のことです。高校総体や高校選手権の熊本県大会の場合、初戦だとどうしても力の差があって、大津が大量点を取ることが多かった。あるとき、私は得点が入るたびに喜んでいたんですが、横で見ていた平岡先生は喜んでいなかった。何を考えているんだろうと思っていたところ、先生が私に言うんですよ。『なぁ澤村、今の（相手の）失点は、どうしたら防げたと思う？』って。私は最初、何を言っているのか分からなかったんですが、相手の守備対応やゴールキーパーのことを見ていたんですね。それで試合が終わってしばらくしたら、こう言うんですよ。『あっちの監督に話をつけてきたから、キーパーの選手にアドバイスしてこい』って。もちろん、大津が勝つ事も大事なんだけど、『熊本から良い選手を出すのが俺らの仕事だ』っていうのが、平岡先生の考えでした」（澤村）

この出来事をきっかけに、澤村は大津高校での指導にとどまらず、県内から広く選手を集めてゴールキーパーに特化したスクールを開くことになった。

「オープン・マインドな姿勢で、他校の選手も集めて講習会やスクールを開いたらいいんじゃないか」という平岡のひと言から誕生した澤村のＧＫスクールは、その後多くの選手たちが参加するようになり、プロ選手やＪクラブで活躍するＧＫコーチをも輩出。規模的に縮小した時期もあったが、澤村が熊本を離れていた期間も教え子がスクール運営を受け継いで指導は続き、２０１７年3月からは、再び澤村が主宰する「熊本大津ゴーリースキーム」というスクールに生まれ変わっている。

またプレーヤーズファーストの考え方も、広く熊本県全体、あるいは若い選手達全体の将来を考えてのもの。例えばトレーニングを１００分と区切り、始めの方では課題について言及し、終わりの方では次の日につなぐためにポジティブな面にフォーカスするのも、選手のメンタルへの影響を考えるからだ。あらゆる場面における声かけでは、タイミングやその内容も吟味する。

「勝った試合の後は選手達の心も前向きですから、成長するチャンスです。選手の耳も生きている状態なので、指導者が注文を付けやすい。逆に負けた時には、自信の喪失が成長のブレーキになる。勝った時でも、過信は同じくブレーキになります。そういった選手の成長を阻害するブレーキを感じ取って、それを外すためのアクションを起こすことも指導者の仕事の1つ」だという。

自ら熱を持って子ども達に接するのは、「**高い温度で接すれば、それが子ども達の温度になる。**鉄と同じで、高い温度を持った子ども達は形をどんどん変えていくもの。冷めているうちはなかなか変化しません」という考えに基づくもの。教員となって赴任した熊本商業や大津高で、高い目標を掲げ情熱を持って接していたのも、今なおポジティブな言葉かけを続けるのも、そうした姿勢の表れと言える。

全ての考え方、行動、発言の源に「プレーヤーズファースト」の精神があり、それを「オープン・マインド」の姿勢が支えているのだ。

チーム編成はオーケストラ

大津高校での指導、平岡の指導はあくまで、「個を輝かせて伸ばす」という目的が前提にある。チームとしての実績では、他県の強豪のような全国制覇何回といった目に見える数字は残せていない。しかし、輩出したプロ選手の数や、卒業後に指導者となってサッカーに関わっている人材の多さでは決して引けを取らない。これは「サッカーを通した成長」を目的にしたスタンスが根底にあるからだ。

「うちは育成で、個を作ることが重要だと考えています。大津高校のコンセプトの中では、ボールを止める、蹴る、運ぶというのが丁寧になって、その上でシンプルに速く、正確にということを求めていきます。ですから決まったシステムに選手を当てはめるということはないし、組み合わせを考えるから、システムは毎年違ったりする」

ストロングポイントを重点的に伸ばすことに軸足を置くのは、平岡がオーケストラを例に挙げるチーム編成にもつながる部分がある。

「この曲を演奏するにはあの楽器が欠かせないというのと同じで、この試合にはこの選手が必要、というように、試合によって使いたい選手は変わってくる。そのなかで響き合う、つながり合うことが大切で、隣同士のポジションで連動したり共鳴したりするメンバーを11人選びます。連携の数が増える程、良いゲームになると考えていて、逆に全部がぶつ切りだったら、ただ単に個でサッカーをやっているだけになってしまいますし、何よりそれでは、見る人を魅了できませんよね。『キャプテン翼』だったら、大空翼君と岬太郎君が中心的な存在としているんだけど、そこにボールがつながるためには、顔面でブロックする石崎君も大事な存在。彼が身体を張るから、ボールを大事につないで、得点に結ぼうというメンタリティになる。**サッカーの大前提には、人の繋がりがある**んだよという話をします」

高校での1000日間、冒頭に触れた「大高サッカー部の目指すところ」という5つの項目を常に意識して過ごすことで、その経験自体が財産となり、その後何年経っても、そこへ立ち返れば大丈夫なんだという心の拠り所を作れるよう、レギュラーでない部員も含めて働きかけてきた。

赴任当初の熊本商業や大津で、「このチームのために頑張ろう」「このユニフォームのために頑張ろう」「あいつのために頑張ろう」といった部分、すなわち献身性や友情などのチームとして必要な要素に働きかけ、ステイタスを作ることに腐心したというのも、こうした考えに基づいてのものである。

音楽も、個々の演奏者がバラバラに自分の楽器を鳴らしているだけでは美しい旋律にはならない。それぞれがそれぞれを引き立て合おうと気を配り、息を合わせながら自らの役割をこなして初めて、人の心を揺さぶるハーモニーが生まれる。

大津高校のサッカーが見る人を惹き付けるのは、演奏者、つまり選手の特性を磨いて伸ばし、ベストな組み合わせを模索して編曲し、そして奏でるコンダクターがいるからであり、役割を託された演者＝選手が、それぞれの強み、ストロングポイントを発揮しようとするからなのだ。

とは言え決して枠にはめないから、このオーケストラで個の強みを自覚して伸ばした選手達は、次の舞台に出て行った時にもさらに輝く。Jリーグというプロの舞台では、それが巻誠一郎であり、谷口彰悟や車屋紳太郎であり、植田直通や豊川雄太なのだ。

試合前に円陣を組む選手たち。献身性・友情をベースにしながら各々が持ち味を発揮するオーケストラのようなチームを目指す

これには、平岡自身が熊本県の外に出て、日本のトップレベルの強化環境に身を置いた経験を持っていることも無関係ではない。帝京高校や筑波大学でサッカーに打ち込む中で得たもの、そこで築いた人脈は、高校教諭となってからの指導の現場においても、そして指導した生徒たちの次の道を拓くという意味でも、間違いなくプラスになってきた。

「1つは、熊本にはもともと素材があるということ。そうした選手が大津のサッカー、私のサッカーとマッチして、プロに進んでくれているというのがあります。もう1つは、大津高校で預かる1000日間で、高校を卒業した後に子ども達が進学する次のステージがさらに輝くような指導をしていること。たとえば私の出身校である筑波大学の風間八宏さん（現名古屋監督）であるとか、あるいは同じ筑波大出身である福岡大学の乾（眞寛）さんと共有している部分、そこが他の学校よりも少し具体的だということがあるかもしれません。だから次のステージで子ども達がさらに進化する」

常に自らが成長することを意識し、オープン・マインドな姿勢で接してきたことが、諦めない才能を磨き、自身の強みを見つけてさらに伸ばし、選手として、人間として、生徒たちを成長させることにつながってきたのだ。

「ですから、２０１４（平成26）年のインターハイで準優勝（東福岡に延長の末敗戦）した時は、『育成の大津』というところの延長にようやく結果がついてきて安心したものです。全国から評価されるチームというのは、もちろん勝ち負けの結果もありますが、プロ選手の数や、社会に出て活躍している人間の数などで、総合的に評価されていると思うんです。初めて、たまたま全国で優勝して、その後に誰もいなくなっちゃった、では寂しいですからね」

指導者も成長し続けなければならない

選手達の成長を促すには、指導者も成長を続けなければならない——この考え方も、平岡が重視するスタンスだ。

「私自身、熊本に帰って来た時のテーマに掲げたのが、1つは選手の育成、そしてもう1つが指導者の育成でした。私も年を重ねていきますし、大津高を離れた後のことも頭にはありました。ありがたいことに、私の教え子が既に60人くらい、いろんなところで指導にあたっています。その全部に私が出向いて、私1人で人材育成をすることは難しいけれど、そのための教材は提供しようということで、2014年から指導者になっている教え子を集めたカンファレンスを開いています。単にトレーニングメソッドを共有するだけで終わらず、指導者としての私のDNA、大津のDNAを理解する指導者が共有するレベルを高めて、それぞれが関わるチームでいかに生徒たちの安心感を作るか。そういうことを一緒に考えていけたらと思っています」

その成果がどんなものになるか、具体的に目に見えるようになるには、もう少し時間が必要かもしれない。しかしこのカンファレンスを始めた翌年、2015(平成27年)の熊本県高校総体では、2回戦から決勝戦までに対戦した相手チームの監督は、すべて平岡の教え子だった。選手とともに指導者を育成するという、教員となって熊本へ帰って来た当初の目標も、少しずつではあるが実現しはじめている。

1つのたとえ話がある。

「2組の親子が無人島に漂流し、1組は父親が子ども可愛さに魚を釣って与え、もう1組の父親は厳しく魚の釣り方を教え、子どもが自分でも魚が釣れるように育てた。いつか親が亡くなったとき、魚を与えられ続けた方の子どもは自分で魚が捕れませんから、食べるものがなく死んでしまいます。しかし魚の釣り方を教えられた子どもは食糧を獲得できる、つまり生きていける。もしかしたら、『もっと大きな魚を釣りたい』と船を出して、新しい大陸を見つけ、そこでさらに活躍できる場所に出会い、次の世代に教えていくことができるようになるかもしれません」。その構図と同じだ。

自らにも、これまでに接してきた指導者、熊本で過ごした小中学校時代の恩師や帝京高で指導を受けた古沼貞雄、筑波大で触れた小野剛（元日本サッカー協会技術委員長、現FC今治）や田嶋幸三（現日本サッカー協会会長）といった先輩たちのDNAが流れていると平岡は言う。そうした指導者と触れてきたこと自体が、選手、そして指導者としての平岡にとっての安心感になった。それと同じように、過去に指導をしてきた現在の指導者たち、あるいは今現在、大津高の一員としてサッカーに取り組んでいる生徒たちにとって、「平岡先生とつながっている」ということが大きな安心感になっている。

「私とつながっているということが、それぞれが今指導しているグループやチームの安心感、安定感になったり、保護者の方達への説得力になったりしていけばいいなと思っています。インプットしたものをどうアウトプットするかが重要です。どう生かすかはその指導者次第で、もちろん自分流を加えていければいいと思います。ただ、持っている情報の量は多い方がいい」

日々のトレーニングや学校生活を通じ、長い間生徒たちへ訴え、伝え続けてきた考え方やスタンス、そしてサッカーそのものの捉え方は、指導者となった教え子たちによって少しずつ広がりを見せている。大津高校でトレーニングに励む生徒たちにとっても、そうした熱量をもった指導者がいるからこそ、苦しい時でも今の取組みが次につながると信じることができ、厳しい練習を乗り越えることができるわけだ。

実際にここでの1000日間のなかで平岡の指導に触れた卒業生たちが、その後それぞれの場所で輝きを見せていることを今の部員たちは知っている。高校生たちにとって目標になりうるお手本が常に身近にあること、そして自分たちが今立っている場所がそこにつながっていることが、日々を過ごす上で小さくない支えになっていることは確かだろう。

「たとえ怒られることがあっても、どこかに**『ここにいれば大丈夫』『ここでトレーニングを続けていれば自分は成長できるんだ』という安心感を与えること**ができているかどうかが大切だと思います。それが見えないと、子ども達は不安になりますよ。一人ひとりが輝いていれば夜だってサッカーはできる。逆に暗かったら、子ども達一人ひとりが輝いていなかったら……、昼でもサッカーはできないじゃないですか」

その言葉が意味するところは、大津高でトレーニングに取り組む生徒たちの表情を

子供たちの成長のためには指導者も学び続け、
成長し続けなければならないと語る平岡

見ていれば伝わってくる。

「私の仕事は『人づくり』で、サッカーはそのための武器。サッカーが上手くなるためのトレーニング方法は時代とともに変わっていきますが、人をつくる作業というのは長い年月をかけて大人が関わっていくことが大切。いかに安心感・安定感を与えるかということもその一部ですし、**『子ども達の将来に触れている』という感覚を指導者がどれだけ持てるか。そのためには、指導者自身も学び続け、成長し続けなければならない。参考書は目の前の子ども達なんです。**サッカーなんて計算通りにいかないことばかりです。勝った、負けたに一喜一憂するのではなく、イレギュラーなこと、想定外のことが生じた時に、どれだけ大人として手本を示せるのかが大切だと思います」

大津
PELADA

サッカー人・
平岡和徳のルーツ

1　2つの出会い

先輩に憧れてボールを蹴りはじめた

前の章では、指導者としての平岡和徳の考え方について紹介してきた。気になるのは、そうした考え方がどういった背景で形作られたのかということ。そこでここからは、指導者を志すまでの平岡の歩みについて、時系列に沿ってなぞってみることにしたい。

平岡が生まれたのは1965（昭和40）年のこと。父親の重徳《しげのり》は教員を務めていたが、祖父の重雄《しげお》は熊本県松橋町で「今で言うコンビニエンスストアのような」（平岡）商店を営んでいた。地元で評判の、商人気質の人物だったようである。平岡は祖父にとって長男の長男にあたる、初孫である。

「普通、初孫を抱く時は赤ん坊の顔を自分の方に向けるものだと思うんですが、祖父が私を抱いて出かける時は、必ず顔を外に向けて抱いていたそうです。なぜかというと、『早く娑婆《しゃば》を見せる』ということだったみたいでね（笑）」

店で販売する牛乳などの商品を卸業者が持って来た時には、祖父は次にどこへ配達するのか聞き、「じゃあ、この子を乗せて連れて行ってくれ」と頼み、外の世界や新しいものを見せようとしていたという。

「まだ3歳くらいですから。それを私の母親は泣きながら見ていたらしいですよ（笑）」

サッカーとの出会いは、小学校低学年の頃だ。

「松橋町立豊川小学校（現在は宇城市立）という小さな学校なんですが、そこに、もともとは陸上競技の専門だった井川幸人《いがわゆきと》先生という方がおられて、サッカーに力を入れるようになったんですね。当時、学校の近くに住んでいたものですから、放課後になるとボールを蹴る音が聞こえてくるんです。それが楽しそうだったので見に行くようになって、年上のお兄さんたちと一緒にボールリフティングをやったりするようになりました」

当時は熊本県内でもサッカー熱が高まっていた頃である。豊川小学校は、熱心な指導者がいたこともあり、熊本県だけでなく九州でも名前を知られるような存在になっていた。

「先輩たちが熊本県で優勝したり九州大会に進んだりしていく様子を見ながら、いろんなスポーツに取り組む中でもサッカーが中心になっていったんです」

そんな身近な環境に、平岡少年にとって憧れとなる存在がいた。のちに島原商業に進むことになる財満《ざいま》兄弟である。

「博文さんが私の1つ上、そのお兄ちゃんが5歳くらい上かな。お兄さんは中央大学、博文さんは同志社大学に進みました。そういった方たちが九州大会でも活躍した頃でした。私は良く覚えていないんですが、先輩たちから話を聞くと、なぜかハーフタイムのミーティングの時には、私が円陣の真ん中に座って話を聞いていたそうですよ。

2年生の時にブカブカのユニフォームを着て試合に出たこともあったようで、それは少しだけ記憶に残っています。とにかく田舎の環境でしたから、年上のお兄さんたちへの憧れが強かったんだと思います」

サッカーに本格的に取り組みはじめた年齢は、現在の子ども達と比べると少し遅いかもしれない。しかしそこから選手として頭角を現していった背景には、やはり生来の向上心や探究心、負けず嫌いの性格も影響しただろう。

「上手くなりたいという気持ちは強く持っていたと思います。ボールリフティングもそうですが、同級生より多くできるだけでは満足しなくて、学校でいちばんできる人が1000回できるんだったら、その最高記録を抜くために頑張る。この小学校でいちばんになる、それが目標でした。だから財満さんたち先輩を見ると『絶対に負けるか』と思っていたし（笑）、何歳でも試合に出てやろうと思っていましたね。リフティングも、当時じゃ珍しく何千回とついていていましたよ」

さらには、状況を見て適切な判断をする能力をこの頃から備えていたようでもある。それを示すのが、サッカーと並行して取り組んでいた書道でのエピソードだ。

「平岡って子は、他の子と少し違ってる」

サッカーと同時に、小学2年生から打ち込んだ書道では、5年生、6年生で県内の最高賞を総なめにしたほど。そして6年生の時には、こんなこともあった。

「熊本県でナンバーワンを決める大会があるんですが、選ばれた子ども達50人くらいが熊本大学の一室に集められて、一斉に書くんです。この大会に5年生、6年生と2年続けて出ました」

5年生の時のお題は黒板に書かれたそうだが、6年の時には小さな紙に書かれたお題が子ども達に配られたという。決められた時間でベストの1枚を書こうと、子どもたちが一斉に筆を握る中、平岡少年は少し考えた。

「私はだいたい、一発で書いていましたから、すぐには書かないんです。だから最初は、そのお題の紙を見ながらね、『こんなきれいな字が書けたらいいなぁ』なんて思ったりして。それで少し考えたんですね。書道って実際に書く時に紙を折るでしょう。

少年時代、サッカーだけでなく書道にも打ち込んでいた平岡は
昭和 52 年にコンクールで文部大臣賞を受賞

それと同じように、お題の紙も折ってみれば用紙の中でのバランスが分かるじゃないですか。『よし、やってみよう』と。それで10枚くらい書いて、いちばん良く書けたと思った1枚を提出して、終わり。他の皆は何十枚と書いていたみたいですけどね」

その様子を係員が見ていたのだろう。関係者の間で「平岡という子は、他の子とはちょっと違っている」という話が広がり、その噂は平岡が通っていた書道教室の先生にも伝わった。

「教室に行ったら、『平岡君、こういう話を聞いたんだけど、本当?』って聞かれたので、『そういえば……』とそのとき履いていた半ズボンのポケットを探ってみたら、折り目を付けたお題の小さな紙が入っていたんです。先生に渡したら、『本当だったんだね』って驚いて、結果もまだ出ていないのに、『今年も最高賞は決まり』と言っていましたね」

こうして書道にも夢中になった平岡は、2年生から6年生まで、一度も書道教室を休むことはなかった。サッカーの試合を終え、そのままユニフォーム姿で書いた『自然を守る』という作品は、全国から40万点が寄せられた『昭和52年度農協共済小中学生書道コンクール（小学生高学年条幅の部）』において、最高賞の文部大臣賞を受賞。東京まで表彰を受けに出向き、当時の砂田重民文部大臣から直々に賞状を受け取ったという。大津高校の正門を入って目に入る渡り廊下に書かれた「凡事徹底」の文字につながる、もう1つの平岡のルーツだ。

一方では、サッカーでも次第に選手としての才能が現れはじめていた。5年生の時には上級生に混じってプレー。5年、6年時と2年続けて九州大会を制して全国大会（現在の全日本少年大会の前身にあたる大会）に出場し、平岡は2年連続で優秀選手に選出される。同時にこの頃から、日本サッカー協会が始めたナショナルトレセンの強化指定選手となった。

小学５年、６年と２年続けて九州大会を制し全国に大会出場。優秀選手にも選ばれナショナルトレセンの強化指定選手となった。（前列中央が平岡）

「だから年に2～3回、熊本駅から今はもう無くなったブルートレインに乗って、1人で東京へ行ってたんです。小学校の時はよみうりランドで、中学に入ってからは千葉の検見川《けみがわ》グラウンド（当時、日本サッカー協会が合宿等で使用していた東京大学検見川総合運動場）。今考えれば、子どもを1人で東京へ行かせるなんて、なんて親だと思いますよね（笑）」

この時はまだ、高校進学で熊本県外に出ることは想像もしていなかっただろう。しかし幼い頃から、祖父の胸に抱かれた平岡少年の目に映っていたのは常に、外の景色だった。サッカーを通してその視野や世界が広がっていくのは、平岡にとって特別なことではなく、むしろ自然なことだったのである。

セルジオ越後からの「宿題」

ナショナルトレセンの強化指定選手に選ばれた背景には、もう1つのきっかけがあった。当時まだ、日本各地を回って普及活動を始める前の、セルジオ越後との出会いである。

「セルジオさんのお母さんが熊本県の天草ご出身という縁で、時々熊本に来ることがあったようで、定期的に豊川小学校に見えていたんです」

平岡たちサッカー少年の前に表れたセルジオ越後は、ブラジル仕込みの巧みなボールテクニックを披露してみせた。

「セルジオさんのボール扱いは、私達にとって〝魔法のボール〟でした。回転を駆使したり、いろんなキックやボールリフティング……、それまで見たこともないような、たくさんのお手本を見せてくれました。『平岡、これはできるか？』ってやってみせるんですが、当然、すぐにはできないじゃないですか。だから『よし、じゃあ、次に来る時までにできるように練習しておけ』って言うんですよ」

それはまさしく、セルジオ越後からの「宿題」だった。

「そしてしばらくしてまた来ると、『できるようになったか？　じゃあ次はこれだ』って、次の宿題が出る。そんな感じで、私はセルジオさんに褒められたいがために、それを練習していました。もう、先輩じゃなくてセルジオさんしか見てない（笑）。セルジオさんに会わなければインステップでついているだけだったボールリフティングが、セルジオさんとの出会いがあったから、肩を使ったり頭を使ったり、ヒールを使ったりボールを回したりできるようになった。目の前で見せられるいろんなテクニックを、必ずできるようになってやるんだと練習しました。ブラジルに行かずして、ブラジルのサッカーを教えてもらった感じでしたね」

こうしたやりとりを聞くと、褒めて伸ばすこと、少し難しい課題を与えてクリアさせ、さらに伸ばしていくことがいかに重要か分かる。平岡は子どもながらに、そうしたプロセスを経てプレーヤーとしても階段を上っていったのだ。

「やっぱり、認められると次のステップに進みやすくなるんでしょう。私は父が厳しかったのでなかなか褒められた記憶がありませんが、セルジオさんはよく褒めてくれました。**褒めて伸ばすという作業がコントロールされていた**ように思いますし、自分としても、そうしてもらうための取組みとか、子どもながらに工夫していたところもあったかもしれません。日本人は、大人の威厳だとか、スタンスの違いで外国人のようにスムーズに褒める気持ちや言葉を表現できませんよね。あるいは、子どもだから、慢心するから、調子に乗るからといった文化の違いもあるかもしれません。でも考えてみれば、そこまで大人がコントロールすれば良いだけの話なので、教員になってからは褒めることも積極的にやってきたつもりです。私自身、父親にも褒められたいという思いで練習して、上手くなって大会でベスト11なんかに選ばれるようになって、周りの大人に褒めてもらえたから前に進めた。父としては、褒めるタイミングを逸したところもあったかもしれませんが（笑）」

セルジオ越後との交流は帝京高校へ進んでからはもちろん、筑波大学を経て教員となって熊本へ帰ってからも続いており、大津高校が創立80周年を迎えた際は、講演を依頼して快く引き受けてもらったこともある。

「今でも、会うたびに温かい言葉をかけてくれますよ」という。

さて、日本の隅でこうして技術を磨いた少年の存在は、同世代の少年たちにとって衝撃だったのだろう。

「私達は当たり前にできるようになって、全国大会やトレセンの練習に行って、アップでやったりするでしょ。そしたら、『お前、それどこで習ったんだよ!』『なんでそんなことできるの!?』って（笑）。大会の補助員になっている大学生からも『どうやるの?』って聞かれたりもしました。九州の熊本にすげえヤツがいるっていうなかで、平岡っていう選手のニュースが広がっていったようですね。そうやって技術を磨くきっかけがあって、強化指定選手にも選ばれることになったんだと思います」

自ら課題を見つけ、それをクリアするために取り組む姿勢は、指導者となった平岡が選手達に求めるものだ。書道でのエピソードやセルジオ越後との関係からも、当時から平岡自身がそうした姿勢でサッカーに取り組んできたことが分かる。まさしく「進化のための変化」を経て、平岡は自らの道を拓いていった。

一方で、学校での勉強もおろそかにはしなかった。

「親が教員だったので、やっぱり勉強もきちんとやらないといけないと思っていました。父親としては県立高校から国立大学へというルートを描いていたみたいで……、ちょうど東京教育大学が筑波大学に変わるという時期で、サッカーという特技があるなら、将来的には筑波大学へ行って欲しいという思いもあったようですね。物心がついた時から、『筑波大学』という言葉は家族の会話の中にもありました」

しかし大学進学を見据え、熊本県内の普通高校への進学を考えていた平岡のもとに、熊本県外の高校の指導者から、「うちに来てサッカーをやらないか」という誘いの声が届きはじめたのである。

2 勘当されて、東京へ——古沼貞雄との出会い

東京からの1本の電話

小学6年時から日本サッカー協会のナショナルトレセン強化指定選手となった平岡和徳には、各地の高校の指導者たちが熱い視線を注いでいた。

当時の熊本における高校サッカーは、済々黌、玉名《たまな》、熊本農業といった公立勢に、鎮西、九州学院などの私立が絡んでくる勢力図である。九州学院は1985（昭和60）年に石川県で行われた全国高校総体で熊本県勢として初めて全国優勝を成し遂げ

るのだが、平岡が高校進学を迎える時期にはまだ、熊本県で圧倒的な存在にはなっていない。

前述の通り、勉学にも打ち込んで将来を見据えていた平岡にとって、教員になるために国立大学へ進むなら、公立の進学校である熊本高校や済々黌へ入学するというのが最も現実的な選択肢であり、可能性の高いものだった。

「検見川で合宿をやっている時には、島原商業の小嶺（忠敏）先生をはじめ、静岡学園の井田（勝通）先生や帝京の古沼（貞雄）先生、それから浦和南の松本暁司先生なんかも見に来ていました。でも私は『地元の公立高校に行くつもりなので』と言ってお断りしていたんです」

しかし1人の指導者の熱い思いが、平岡少年の心を動かすことになる。12月には中学校での三者面談も終え、高校受験を約2ヶ月後に控えた年明け間もない1月はじめのある晩、平岡家の電話が鳴った。

「当時は、電話なんて各家庭に1台しかありませんから、たまたま私が出たんです。電話の主は古沼先生でした」

この日、古沼貞雄率いる帝京は、昭和55年度の第59回全国高校選手権の1回戦で小嶺忠敏率いる長崎の島原商業と対戦、4―2でくだしていた。古沼は平岡に、電話口でこう言ったという。

「今日、島原商業に勝ったんだ。キミの先輩の財満兄弟もそうだが、熊本の良い選手はこれまで、島原商業へ行くことが多かったようだね。だからキミも島原商業に行くんじゃないかと思っているんだが……、どうだろう、うちに来ないか。ナショナルトレセンに来ている静岡の選手達（長谷川健太、堀池巧、大榎克己ら）は清水東に行くようだ。うちには広瀬治、前田治、金子智昭、五丁森崇人が来るんだが、君の力を加えることで、清水東を倒して日本一になりたい」

受話器越しに古沼の話を聞いた平岡は、その件を父に報告した。もちろん、古沼から父親の重徳に対してもある程度は話が通ったうえでの電話ではあったのだろう。ただ、15歳の少年とは言え、最も大事なのはやはり本人の意思であるという点で、大人同士の意見は一致していたのかもしれない。

「私は父に、『僕には僕の人生がある』と言ったんですね。そしたら父は『じゃあ、自分自身で考えて結論を出しなさい』と言うもんですから、3日間くらい考えました。その結果、『よし、帝京に行こう』と決めて報告したら、その瞬間に『じゃあ勘当だ』って。『はぁ、勘当って言葉を聞いたことはあったけど、こういう時に使う言葉なんだな』と思いましたね（笑）」

おそらく父親としては、「和徳本人の意思で決めたこと」である以上、勘当を言い渡されたとしても「自分でしっかりその決断の責任を果たせ」という思いだったのだろう。あるいは逆に、勘当を言い渡されて揺らぐような甘い決断ではなく、本気かどうかを確かめる意味合いがあったのかもしれない。しかしいずれにしても、「帝京を選ぶのなら、日本一になれ」という思いをこめての「勘当宣告」だったはずだ。

「本当に厳格な人で、上京する日は空港まで送ってくれたんですが、私が在学していた3年間、自分からは一度も会いに来ませんでした。ただ、母は空港から家に帰り着くまで、ずっと泣いていたそうです。」

こうして、九州の小さな町でサッカーと出会い、その才能を開かせた1人の少年の道——それは十数年後の熊本県のサッカー界につながる道でもあった——が拓けたのである。

全ての土台にある帝京時代

東京の名門校で平岡を待っていたのは、今まで経験したことがないほどのハードな日々だった。

「行ってすぐに『辞めたい』と思いましたよ（笑）。なぜかって言うと、入学してすぐにAグループに入れられたんです。練習はそりゃあキツいし、疲労骨折やシンスプリント（オーバートレーニングによる脛付近の痛み）なんてしょっちゅう。練習後のクールダウンでやる、膝の屈伸の時に倒れて意識をなくしたこともあったり……。それでも、6月の関東大会で試合に出させてもらって、元気がついたというか。古沼先生の術中に見事にはまったわけです」

特に記憶に刻まれているのが、毎年夏、長野県の菅平高原で行われた合宿である。この場所で行われる理由は、標高が高いため気温が低く環境が整っているから、というのがいちばんであるはずなのだが、平岡は冗談まじりに「帰りたくなっても帰れない場所ですから」と笑う。

「本当に〝地獄の合宿〟なので、全国の指導者が見学に来ていましたね。筑波大学時代には、先輩が『合宿でどんな練習をしているのか見たい』というので、OB戦がてら一緒に見に行ったんですが、『これ、誰も死なないか?』って言うくらい、キツい合宿でした。私が帝京で学んだのは、『人間、たいていのことでは死なないんだな』ってことでしたね(笑)」

当時としては決して珍しくなかった、そのハードなメニューの一部を紹介してみよう。


宿舎からグラウンドまで3kmの道のり。その行き来はもちろん全てランニングである。当然、「地獄の合宿」なので、単純に1往復で済むはずがない。

「まず6時からの朝練習へ行くのに3km、朝食を食べに帰って6km。午前練習へ行って9km、昼食のために帰って12km。それから午後練習へ行って15km、終わって帰ると18km。サッカーの練習以外に、最低でも1日18km走るんです。それにそれぞれのトレーニングが2、3時間。競争もあるし、ストレスもある」

今から30年以上前の話なので、科学的な裏付けの部分では、そこで行われていたトレーニングが果たして効果的だったのかどうか、今となっては疑わしい面もあろう。

「この合宿期間中でいちばん楽なのが中日です。何をやると思います？ 42kmのフルマラソン（笑）。42km走りさえすれば、あとは風呂に入って寝ててもいいわけですから、他の日に比べれば、こんな楽な日はない。それくらい、合宿はとにかくキツかった。今の帝京がなかなか勝てないのはあれをやらないからだって、OBのみんなは言ってますよ（笑）」


平岡が大津高で取り入れた特徴的な取組みの1つとして、トレーニング時間を100分と区切ることを前章で取り上げた。その理由について平岡は、「終わりを作らないと、人間、途中を頑張れない」ことや、「3時間を高校生が集中できるかと言えば……、いかに楽をするか、いかに休むか、いかにサボるか、そんなことしか考えない」ことを挙げている。こうした考えには間違いなく、帝京高校時代の自身の経験が反映されている。

しかし一方で、高校卒業後は筑波大学で体育学を専門に学び、教員として高校生たちを指導する立場になったあとも尚、夏場の合宿ではあえて「1コマ100分」のトレーニングを早朝、午前、午後、深夜と分けて課したり（つまり合計400分だ）、食事では1回につき丼3杯の米を食べさせたりと、無理なことも選手達には求めてきた。それは帝京高時代に自ら経験した苦しく厳しいトレーニングを通じ、「理不尽さを乗り越えること」が人を育て、成長させるということもまた、同時に学んだからでもある。

「集団のトップにいる選手達が諦めない取組みを日々やっていくと、全体が諦めない集団に変わっていきます。『もうダメだ』と思った先に次の『もうダメだ』があって、その先にもまた次の『もうダメだ』がある。子ども達にはどんどん次のチャレンジができる環境を提供することも重要だと思います。例えば夜中のトレーニングだったら、自分が今まで見たことがない領域に足を踏み入れたとき、ライバルがどんな顔をしているのか、自分がどんな顔をしているのかを良く見て、苦しい時の自分と向きあい、クリアしていかなければならない。そうでないと、本当に苦しいときに戦えませんからね。**苦しい時には誰だって苦しい顔をしますが、そういう苦しい時にこそ笑えるか**

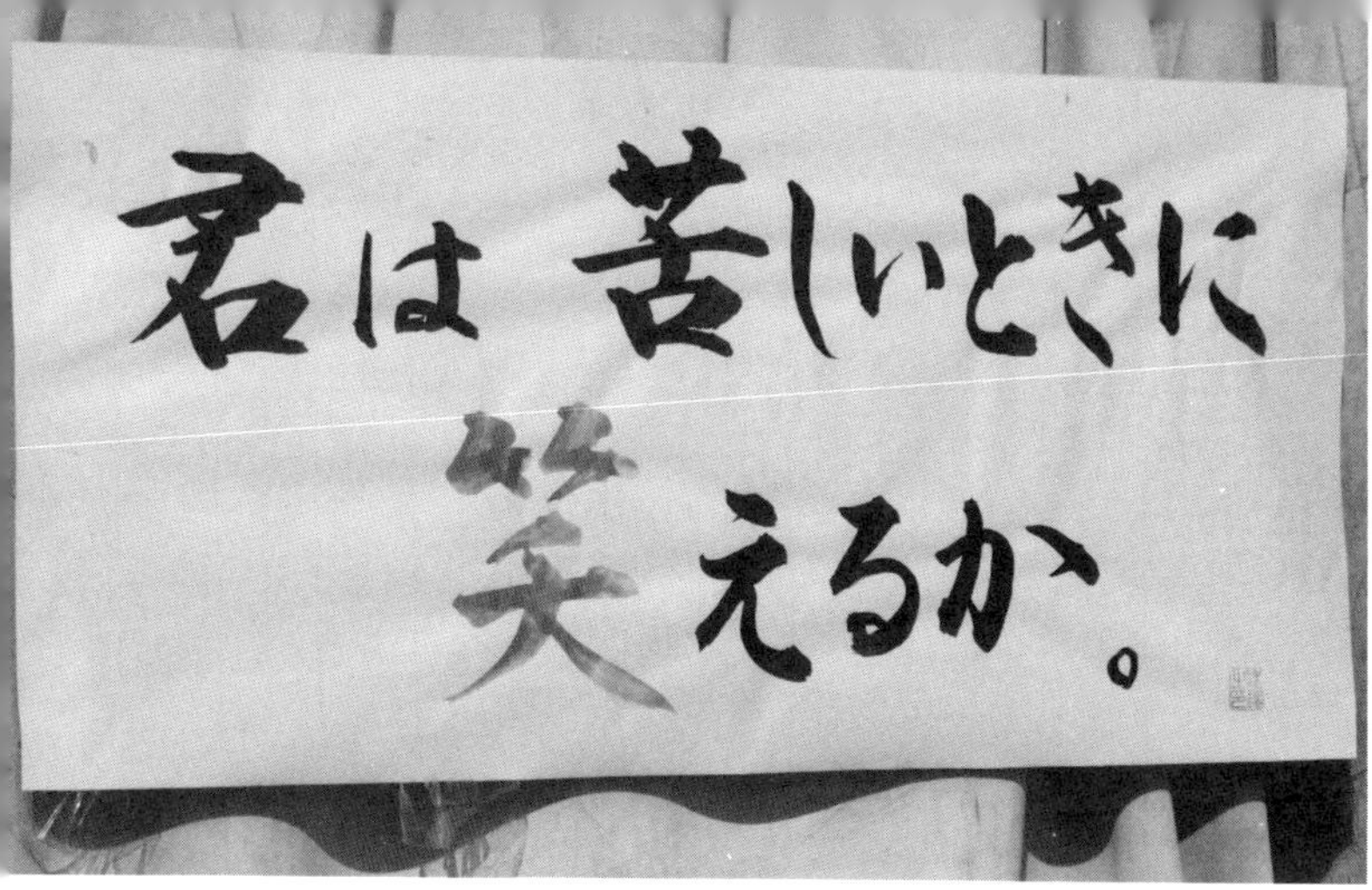

帝京高校時代の厳しい練習の経験から、苦しい時の姿勢の大切さを学んだ平岡。スタッフルームの窓にも書を掲げ選手たちに伝える

どうか。これも、私が掲げるテーマの1つです。試合終盤のキツい時間帯に、相手がほくそ笑んでたら不気味だし、嫌でしょう(笑)。でも強いチームというのは、そういうオーラを持っているんですよね」

諦めないということは、できるまで続けるということ。「やってできないことはない。なぜなら、できるまでやるからだ、ってね」と、平岡は無邪気に言う。「考えてみたら、そのこと自体が理不尽でしょう(笑)」

「父に認められたい」という思いが、エネルギーになった

こうしたハードなトレーニングを3年間続けられたモチベーションの1つが、入学を決めるにあたって古

帝京高校時代の平岡（右）。インターハイでの京都商業戦のひとコマ

沼の口から直接聞いた「日本一になろう」という言葉だった。

実際、平岡が2年時には鹿児島県で行われたインターハイで4年ぶりに全国制覇。その年の冬の選手権（昭和57年度第61回大会）では、長谷川健太にゴールを許して清水東に準決勝で敗れたが（この年、清水東は決勝で山梨県代表の韮崎を4―0でくだし初優勝を飾っている）、主将となった3年時の高校選手権（昭和58年度第62回大会）では、国立競技場に6万4000人の観衆を集めた中でその清水東と決勝を戦い、平岡は前田治の決勝ゴールを左足のクロスボールでアシスト、見事リベンジを果たしたのである。

昭和 58 年の全国高校サッカー選手権（第 62 回大会）では
決勝ゴールをアシストして全国制覇

そしてもう1つのモチベーションが、厳しかった父に認められたい、褒められたいという思いだった。

「母親に喜んで欲しいとか、古沼先生を胴上げしたいという気持ちもありましたが、前に進むエネルギーのバックグラウンドには、父に認められたいという気持ちが大きかったと思います。それがあったから、帝京でも生き残ることができた」

実家から下宿に届く荷物には、『人生我以外皆師』という父からの言葉が書かれた紙が入っていた。

「外へ出れば、関わる人や出会う全てのものが師になるということを伝えたかったたんだと思います。何事も自分で決めること、自主的に取り組むことでしか成果はないということを、父は教えたかったんでしょう。だから『こうしろ、ああしろ』と言われたこともなかったし、『勉強しろ』と言われたことも、一度もありませんでした」

ただ、そんな厳格な父親にとっても、遠く離れた場所で頑張る息子の様子は常に気になっていた。後になって分かったことだと言うが、平岡の記事が掲載された雑誌の記事を、父・重徳は丁寧にスクラップし、保管していた。

「それがサッカー雑誌だけじゃないんですよ。なかには『セブンティーン』とか『プチセブン』といった雑誌の切り抜きもあって、あの親父がこんな女の子向けの雑誌をどうやって買いに行ったんだろうと思ったものです（笑）」

そうした親子の関係を、古沼貞雄も気にかけていた。高校最後の大会となった全国高校選手権、清水東との決勝戦を控えたタイミングで初めて上京した平岡の父に対して、古沼は宿舎の部屋を用意して、親子水入らずの時間を作ったという。

「決勝の前日だったと思いますが、下宿のおばさんから、父が来ていると宿舎に電話があったんです。それで古沼先生が『普通の親子が何年も顔を合わせないのはおかしい』と部屋を用意してくださって。ひと晩、一緒に過ごして、翌朝は朝食も一緒に食べて、決勝戦に臨みました」

　そして迎えた清水東との決勝戦、自らのアシストで「日本一になる」という目標を成し遂げた平岡は、「これで少しは父親に認めてもらえるんじゃないか」と思ったという。しかし直接報告するのを待たず、父は熊本に帰ってしまった。

「下宿に帰って、3年間のお礼を言わなきゃと思っていたんですが……、下宿のおばさんが言うんですよ、『平岡君、まず座りなさい』と」

　下宿先のおばさんは平岡を目の前に座らせ、姿を見せた父・重徳の様子を伝えた。

「『あなたのお父さんはすごい人でした』と。父はこう言ったそうです。『平岡の父です。3年間、愚息の面倒を見てもらい、ありがとうございました。すみませんが手ぬぐいを貸してもらえませんか』と。それで何をするのか見ていたら、**私が3年間使った下宿のトイレと風呂を全部、手ぬぐいを使って拭《ふ》いていた**と。その話を聞いて、『やっぱり親父はすごいな』と……、気づいたら号泣していましたね」

　大津高に赴任した当時、汚れたまま放置されていた寮の壁や床を生徒たちと一緒に綺麗に拭き上げたというエピソードは、この時の父・重徳の姿と重なる。冒頭で取り上げた「大高サッカー部の目指すところ」の1つにある「感動する心と、感謝の気持ちを常に持とう」という項目も、両親や恩師、下宿先でお世話になった方やチームメイトへの思いなど、帝京高校で過ごした平岡自身の3年間がベースになっているのだ。

さて、自ら進む道を決めたサッカーで1つの成果を収めた平岡だが、一方で「将来は教員になる」というのは、帝京へ進学する際に父とかわした暗黙の約束でもあった。そのため帝京高では、スポーツクラスではなく普通クラスに籍を置き、勉強にも力を入れた。成績も上位をキープし、学費は全額免除となった。

「物心ついた時から、『筑波大学』という言葉は平岡家にあった」と言うが、最初から進学先として筑波大学が明確な目標だったわけではない。それが平岡の中で固まったのは、高校時代、西が丘サッカー場で行われていた関東大学リーグの筑波大学の試合を見たことがきっかけになった。

「検見川での合宿の時にも見たことはあったんですが、やっぱり当時から風間八宏さんのテクニックはすごかった。それで『よし、筑波大学に行こう』という気持ちが固

帝京高校で輝かしい成績を収めた平岡だったが、日本サッカーリーグからの誘いを断り、大学進学を選択する

まったんです」

高校を卒業する段階で、日本サッカーリーグの読売クラブ（現在の東京ヴェルディ）や日産自動車（現在の横浜Fマリノス）からも誘いがあったという。しかしその道へは進まず、平岡は帝京高校から初めて、国立大学へ進んだ生徒となったのである。

3　筑波大学へ進学——田嶋幸三との出会いと、指導する立場への開眼

ドイツ帰りの田嶋幸三が持ちこんだ「お土産」

平岡が進んだ当時の筑波大は、伝統校ではありながら関東大学リーグ1部の中位クラスで、順天堂大や早稲田大、国士舘大、新興の東海大が力をつけていた。関西では、上田亮三郎率いる大阪商業大が君臨していた頃である。

ただ、もともと力のある、技術の高い選手が揃っていた。そこへ新たな刺激を持ち込んだのが、浦和南高で全国を制し、当時筑波大の大学院生としてドイツ留学から帰

国した田嶋幸三（現・日本サッカー協会会長）であった。

「大学3年の時に、私と同じくらいの大きさの、すごく大きな犬を連れてドイツから帰って来たんです（笑）。ドイツのコーチングライセンスを取ってね。その当時、大学での練習メニューは私達が決めていました。長谷川健太や田口禎則《よしのり》なんかが私の部屋に集まって、ラージグループを作ってメニューを決めるんです。そこへ田嶋さんのメニューが入ってきたんですが……、『ここはドイツじゃないんだから、そんなのはできません』なんて、平気で言っていましたね」

田嶋が筑波大学に持ち込んだのは、学生たちに求める基準を上げること、つまり『意識改革』だった。それは平岡が大津高校に赴任した当初、生徒たちから「こんなにキツい練習では部員がやめてしまう」と言われたシーンや、自主的に始まった朝練習が学校全体のモノサシを変えた話にもつながる。

「トレーニングのオーガナイズやメニュー自体は、おそらく他の大学でやっていたものと大きな差はなかったと思うんです。しかし田嶋さんが持ってきたのはドイツレベルと言うか、インターナショナルなモノサシだった。要するに、今までだったら失敗してても何も言われなかったところに、高いレベルの要求が入ってきて、トレーニングやゲームのクオリティを上げることを求められたわけです」

当時の大学サッカー界は、「世界のスタンダードが入りにくいエリアだった」と平岡は言う。テレビ放送の効果とスターシステムもあって、毎年正月に行われる全国高校選手権は異様な盛り上がりを見せていたが、多くの選手たちは高校までで燃え尽き、大学進学後は「それまでの財産でやっていた」。

「だからヨーロッパへ遠征しても、アジアに行っても、ユニバーシアードでも負けていたんです。それはトレーニングの質が問題だった。日本のサッカーの中でブランクだった18〜22歳が充実してきてアジアでも勝てるようになったのは、大学のサッカーが変わってきたからだと思いますし、そういうインターナショナルな意識が下の世代に降りてきて、安定感が出てきました。そのきっかけを作ったのが田嶋幸三さんであり、筑波大学だったんだと思います」

田嶋幸三がドイツから新しいスタンダードを持ち込んだことで、筑波大学がこの世代の強化を牽引した。そしてこの当時の筑波大で研鑽を重ねた学生たち——小野剛、井原正巳、中山雅史、影山雅永、森山佳郎、三浦文丈、藤田俊哉、大岩剛ら、そうそうたる顔ぶれだ——が後にプロ選手や指導者となり、その後、日本サッカー全体を引き上げる役目も果たしていくことになるわけだが、それはもう少し後になってからのことである。

「『これくらいでいいだろう』という従来の日本の大学サッカーの基準が、田嶋さんにとってはそうではなかった。『いやいや、大学生だからっていうのは関係ないよ。この年代ならこれくらいのレベルのプレー、ゲームができるようにならないと、日本のサッカーはインターナショナルなところまで行かないんだ』と。具体的には、ボールを奪う、支配するために、いかに勝負にこだわるかというところ。今でいうポゼッションとも違っていて、『寄せを速くしてボールを奪って、早くサイドへ開いて、中でしっかり決める』という。上手い選手はたくさんいましたから田嶋さんもやりやすかったと思いますし、それによってトレーニングやゲームの質、クオリティが上がって、他の大学と力の差がついていったんです」

もちろん、先端の研究を生かしたトレーニングも実践された。プライオメトリックと呼ばれるフィジカルトレーニングを取り入れ、栄養学の面でも高蛋白《たんぱく》な食品を意識して摂取し始めたり、試合前にはカフェイン効果を狙ったコーヒー、ハーフタイムにはクエン酸を摂るためにオレンジジュースを飲ませたりするなど、「筑波らしい」(平岡)理論に基づいたアプローチで、コンディショニングや肉体改善にも着手。最大筋力の強化や有酸素運動と無酸素運動のミックスによる心肺機能の向上などにも務めた。

「サッカー選手として〝上手ければいい〟という時代を通り越して、アスリートとしての能力を高めるエッセンスが入ってきた。こうした部分も田嶋さんが要求したことでした」

そうして、平岡がキャプテンを務めた4年時、筑波大は第61回関東大学リーグで4年ぶりの優勝。田嶋幸三の「お土産」が、素晴らしい成果をもたらしたのだった。

教育実習を通して、背中を押される

教員になることを目指して筑波大学に進んだ平岡だったが、選手としても注目される存在であったため、4年時になっても思いが固まっていたわけではなかった。日本サッカーのプロ化とJリーグ開幕の足音はまだ聞こえてきていないが、高校卒業時と同じように、日本リーグを戦っているチームからいくつかのオファーは届いていた。

しかし一方で、卒業に必要な単位を取得するには、体育学部の教員養成課程のカリキュラムに定められた教育実習を履修しなくてはならない。実習先として決まったのは、東京都の筑波大学付属駒場高校である。

「生徒のほとんどが東大を受けるような高校で、教育実習も厳しいと評判でした。学生は誰も実習先として希望しない高校だったんですが、そこの小澤治夫先生（現・静岡産業大教授）になぜか呼ばれた恰好だったんですね。平岡っていう学生を見てみたい、ということだったようです」

ここで、父親譲りの教員としてのDNAが動き始めることになる。

4週間に及んだ実習は、週末の大学リーグと普段のトレーニングも並行して行ったため多忙を極めた。体育科の実習生が6名、他の教科でも優秀な学生が集まっていたが、指導案を作成して行われる研究授業も、平岡が担当することが多かったという。

1コマ50分の授業を1週間で12コマ受け持ったほか、実技ではサッカー以外の種目も教え、保健の授業もやった。名指しで平岡を教育実習に呼んだ小澤はその様子を見て、平岡の教員としての資質を見抜いていた。実習期間に一緒に食事をとるたび、平岡に向かってこう言ったのだという。

「平岡君はコミュニケーション能力が高い。日本リーグのチームからも話があるようだが……、教員になるべきだ」

思い返せば、教えることはさほど苦ではなかった。帝京高3年でサッカー部を引退したあとも、古沼に請われて後輩たちの指導をしたことがあったからだ。

「選手権が終わって卒業するまでの間、同級生たちは自由に遊んでいたようですが、私はお金もなかったし。グラウンドに行くと古沼先生に笛を渡されて、『こいつらを見てくれ』と、後輩の練習を任されていました。教えるのは好きでしたし、普通の高校生ができない指導も、できていたような気はします」

子ども時代を振り返っても、学校生活では児童会長や生徒会長、そして所属した全てのチームでキャプテンを任されてきた。周りの人たちが何を考えているのかを観察し、それならば自分は今、何をすべきかを思索して、行動を選択する。そういった習慣が小さい頃から身に付いていたともいう。父親が教員だったことも多少は関係しているだろう。

プレーヤーとしても、そうした部分を指摘されたことがあった。

「中学生の頃、ある指導者に褒められたことがあるんです。『皆が動いているなかで、お前だけパッと止まれるんだよな。だからいい場所でボールを受けられるんだ』と。確かにそうでした。68m×105mのピッチの中で、相手チームも含めた皆のパワーを感じて、『相手のDFが前向きに来ているから、今なら裏へのスルーパスを出しても大丈夫だ』とか、『俺に向かって来ているから早めにはたこう』とか、『来ていないからドリブルで運ぼう』とか、『この向きで来ているからここにスペースができる』とか。そういうストーリーを、状況を見ては頭の中で作っていました。これは監督として指導する立場になってからゲームを見ていても同じですね」

笛を渡して後輩たちの指導を任せた古沼としても、そうした平岡の資質を感じ取っていたのかもしれない。ある雑誌で、こう述べていたことがあるという。

「平岡は日本リーグのチームに進んでも、選手としての寿命は短いかもしれない。だがいずれ、日本を代表する指導者の1人になる。富士山を描くとき、たいていの子どもは横から見た富士山の絵を描く。ところがこの子は、富士山を真上から見たような絵が描ける。そういう、物事を俯瞰的に見ることができる子どもなんです」

古沼が平岡を評して語ったというその言葉は、平岡自身の胸にもしっかり刻み込まれている。「ああ、そうか。俺はこのままでいいんだな、と思いました」

前の章で述べた「オープン・マインド」な姿勢を重視する土台や、指導する生徒たちに安心感を与えることができているかといった視点には、教え子として直接感じ取った指導者・古沼の姿勢や言葉の選び方と、お互いの信頼関係が垣間見える。

筑波大学付属駒場高校で4週間に渡って平岡を指導した小澤は、教育実習が終わると古沼に電話をかけ、こう伝えた。

「古沼先生、平岡という学生を見たくて実習に呼びましたが、今まで何百人と見てきた中でナンバーワンでした」

そのことを平岡は、実習を終えた足で立ち寄った母校で古沼の口から聞いた。小澤はあえて直接は言わず、高校時代の恩師を通して本人に届くように伝えたのだ。他者からの評価をそうした形で耳にすれば、気分が悪くなる者はいまい。

「俺はやっぱり、日本リーグのチームへ行って、午前中に仕事をして午後にサッカーをやるというのは、ちょっと合わないな。やっぱり教員だ」

平岡の気持ちは決まった。大学4年の初夏であった。

故郷、熊本で教員に

教員となることを決めた平岡は、早速そのことを両親へ報告した。すると父はこう言った。

「採用試験を受けるのはいいが、高校から東京へ行って、熊本を捨ててしまったような印象の人間が受けても通るはずがない。考え直した方がいい」

しかしこの言葉に、当然ながらまた平岡は奮い立つのである。

「親父がそういう風に言うのであれば、逆に合格すれば、これで認めてくれるだろうと思うわけです」

それからは文字通り、採用試験に向けて全精力を注いだ。大学での夏合宿の期間中も、宿舎内に同じように教員採用試験を目指す学生のための部屋を作り、集中的に一緒に勉強した。「父親に認められたい」との一心でサッカーや書道に打ち込んだときと同じ気持ちだった。

一次の筆記試験をパスしたあとの二次の面接では、試験官にこれまでの経歴を読み上げられた後に大きくため息をつかれ、「あーたは、これまで熊本んためにはなーんもしとらんな(君はこれまで、熊本のためには何もしていませんね)」と言い放たれた。その後も圧迫的質問が続いたが、持ち前のコミュニケーション能力を十分に発揮できた実感はあった。しかし、この内容には、「そう簡単に受かるはずがない」と話していた父親も、さすがに怒りと興奮を隠さなかったという。

この二次面接の件もあって、「ダメなら縁がなかったということで、大学院に進んでイングランドに留学しようとも考えていた」というが、平岡は無事、教員採用試験に合格。合宿中にともに勉強した教員志望の友人たちも全て、一発で合格した。都道府県の教員採用試験に大学4年で一発合格を果たすのは、現在ではなかなか至難の業である。しかし共に頑張った友人たちも結果につなげることができたのは、それぞれが諦めずに「24時間をデザイン」し、採用試験に向けて準備をした成果でもあったのだろう。


ただ、教員を志すにしても、なぜ故郷の熊本だったのか。実は平岡の頭の中には、父親とかわした暗黙の約束の他に、もう1つの理由があった。

「当時の熊本は、サッカーでは後進県と言われていました。とは言え、選手達が県外へ『流出』していたからなかなか勝てなかっただけで、決して良い選手がいないわけじゃなかった。私自身、県外への『流出組』ですから、子ども達に『外へ行くな』とは言えないと思っています。しかしその代わり、**素晴らしい素質を持った中学生たちが熊本に残ってくれるような、魅力的な組織を作らなければならない**と思っていました。同じ教員になるにしても、私がもし、父親が描いていたルートを歩んでいたとしたら、帝京高校と筑波大学での経験や、そこでできた人脈や出会いとは全く違うものになっていたでしょう。教員になって30年、今は県外から熊本の高校を選んで来てくれる子達も少しずつ増えて、サッカーの後進県から、ようやく全国に認められる先進県になろうとしている。地域から全国区の選手、学校が出てきたことで、県境を越えた選手の行き来が増えてきました。刺激を求めて外へ出て行くだけではなくて、外からも刺激が入ってくるようになった」

こうして1988年、平岡和徳は地元の熊本県で晴れて高等学校の教員となる。15歳で熊本を離れてから、7年が経っていた。

4　教師生活のスタート

外れた「思惑」が、プラスに働いた

平岡が熊本県の教員となった１９８８年は、大津高に既に普通科体育コースが設置されて2年目である。平岡自身、「最初からサッカーの強い学校に赴任できるだろう」との思いもあったと明かす。「大津か、済々黌か。それとも当時力をつけてきていた熊本北か。このうちのどれかだろう」と考えていた。しかし初任校は前述の通り、全校生徒１５００人のうち男子生徒わずか２５０人、サッカー部は同好会同然の県立熊

本商業高校であった。

実はこの前後には、あまり語られていないエピソードがある。大津高校に普通科体育コースを設置するのに尽力し、この当時、同校の校長を務めていた故・荒木時彌《ときや》（教員退職後、大津町長、J2ロアッソ熊本を運営する株式会社アスリートクラブ熊本の初代社長、熊本県サッカー協会会長を歴任し、2016年死去）は、教員採用となったばかりの平岡を、大津高に赴任させたがっていたのだという。

「教員だった私の父と、当時の大津高校サッカー部監督だった遠山和美先生が旧知の関係で、荒木先生も私のことをご存知だったんでしょう。最初から大津高へ赴任させたいという思いがあったようです。初任校の辞令を受ける数日前、遠山先生と荒木先生が一緒に、私の家に来たんですよ。遠山先生はお酒を飲まない方なので、荒木先生を車に乗せて来たんだと思うんですが、荒木先生はベロベロに酔っぱらっているわけです（笑）。何事かと思うじゃないですか。そしたら『お前を取り損ねた！』っておっしゃってました（笑）」

熊本商業での指導については前章で触れたが、それでも帝京高校や筑波大学で日本サッカーの変化の先端に触れてきたばかりの平岡にとって、7年ぶりに帰って来た熊本のサッカー界は窮屈な場所だった。

「指導者になったばかりですし、こっちも熱いわけです。で、私が知っている『本物』を熊本に持ってきたわけですから、大学で自分が求められていたのと同じように、今までの熊本県では『これくらいでいいだろう』と思われていたこと以上のことを要求する。それを高校サッカーのなかで草分けとしてやっていこうとする時に、やっぱり『出る杭』として打たれる。そういうジレンマがありました」

1985年、九州学院がインターハイで初めて全国制覇したことを先に触れたが、九州学院で行われたことが熊本の高校サッカーの中では共有されていなかった。

当時、九州学院を率いていたのは、同校で国語教諭を務めていた菊池隆昭である。菊池は、島原商業に代表されるキック&ラッシュの戦法には選手の体格やフィジカルの能力でかなわないと判断し、福岡大学の田村脩や静岡学園の井田勝通、さらには日産自動車の加茂周らに教えを請い、テクニックを磨かせたショートパス主体のコンビネーションサッカーを植え付け、圧倒的な攻撃力を披露して全国を制した。元々技術の高い中学生が少なくなかった熊本の育成環境にフィットしたチーム作りであったように思われるが、ペナルティエリアに入ってもワンツーで崩すような九州学院のスタイルに対し、「菊池さんのはサッカーじゃない」と、他の高校の指導者たちはなかなか受け入れず、熊本県全体で「その先」を構築できていないという背景があったのだ。

また、平岡と同じように帝京高校へ進んだ儀貝洋光を竜北中時代に育成するなど、中学で実績のあった遠山和美（前述した、当時の大津高サッカー部監督）が、普通科体育コース設置に伴って大津高校へ移ったにもかかわらず、熊本の高校サッカーはいまだ、全国的には停滞していた。それが平岡にとっては歯痒かったのだ。

「そういう中で、『うちに来い』と言ってくださったのが、鹿児島実業の松澤隆司先生や国見に移った小嶺先生、東海大五（現在の東海大福岡）の平清孝先生、宮崎中央（現在の鵬翔）の松崎博美先生、もうすでに亡くなられた佐賀商業の下村健一先生でした。県内では、中学生の頃からお世話になった遠山先生がいた大津高以外とは練習試合をせず、どんどん県外に出て、『本物』を見せた」

『出る杭』から『出過ぎた杭』になり、生徒たちには『本物』を見せ、スタンダードを変えた。これが就任4年目での奇跡的な熊本県高校総体制覇へとつながった。

「もし最初から大津に赴任していたら、今の私はなかったと思います。熊本商業での貪欲なスタートがあったから、今がある。何と言ってもミスター・ポジティブと言われていますから（笑）」

熊本を制したからこそ見えた「もっと高い山」

意識して熊本の外に目を向けてきた平岡が熊本県を初めて制したとき、そこから見えたのは、さらに高い山が連なる景色だった。

「熊本にどっぷりいると見えなかった山でしょう。それが熊本の頂点に登ってみたら、もっとスケールの大きな山、国見や鹿児島実業といった山があった。そこにいるのは今まで自分を可愛がってくださった指導者の方たちで、『あの山にも行けるじゃないか』『あそこから見る景色はどうなんだろう』と考えるようになって、ますます『自分から動く』という意識が高まっていったんですね」

一方、小嶺や松澤といった指導者にとって、自分たちの教え子の世代にあたる平岡の九州への「帰還」は喜ばしいことだった。

「松澤先生なんかは特に、『よく帰って来てくれた』って言ってくれましたし、常々『九州は一つ』『九州で一枚岩になって日本のサッカーが強くなるように前に進んでいこう』ともおっしゃっていました。具体的な指導法について細かく教わるというより、私は見て学びながら自分なりの指導法を作ってきましたが、そういった優秀な指導者の方たちとコミュニケーションすることで、熊本で起きている閉鎖的なことは、ほんの些細なことなんだと思えましたし、自分がしっかりしてさえいれば全く問題ないんだと思うことができました」

そうして平岡自身、帝京高校、筑波大学と歩んできたベースの上に、九州に帰ってきて自ら積み上げたスタンスに自信を深めながら、指導者としての経験も重ねていった。今では確立された平岡流も、その根底にあるのは、古沼貞雄の姿や話術を通して学んだ選手達のモチベーションコントロールだという。

「古沼先生にはいつも、『**指導者たるもの、五者であれ**』と言われてきました。まずは『教育者』。そして選手達の身体や心の状態を判断する『医者』。それから物事を知り尽くす『学者』。さらには先を見て不安を取り除く『易者』。最後が、この４つをうまくコントロールし、選手を魅了する『役者』です」

考えてみれば、小嶺や松澤といった九州の強豪を率いる指導者と平岡の関係は不思議なものである。打倒・帝京、打倒・静岡といった方向性で競い合ってきた九州に、その対象である帝京、古沼貞雄の愛弟子と言える平岡を温かく迎えるというのは、平岡が指導者として重視する「オープン・マインド」な姿勢そのものではないか。

「東京には古沼貞雄という師匠がいますが、小嶺先生と松澤先生は九州に帰って来てからの身近な師匠。帝京に勝つために力を尽くしてきた先生方が、古沼の分身のような私を可愛がってくれる。もちろん、私としてはアドバイスを受けつつ、帝京の情報も流していましたから、『平岡と一緒に飯を食えば、帝京の情報も分かる』という考えもあったのかもしれません(笑)。『平岡が帰って来たことで、九州は変わるぞ』と松澤先生はよくおっしゃっていましたし、逆に自分としても『変えなきゃ』という気持ちを強くしました。大津はまだ選手権でベスト8、総体では準優勝が最高位ですが、国見や鹿児島実業、東福岡、鵬翔が選手権で優勝して、九州の時代が実際に来たわけですからね」

そうした先輩指導者たちに長らく、「つぎはそろそろお前の番だぞ」と言われてきたなか、2017年春、平岡は宇城市教育長となって、一旦、教員としての立場では大津高を離れることになった。だがその思いや熱は、まだ消えてはいない。

大津高校
サッカー部・前史

1　県内初の体育コース設置

活気ある学校にという、OB校長の思い

　ここまで、25年間に渡って大津高校サッカー部を率い、人づくりという観点から数多くのプロ選手や指導者を輩出してきた平岡和徳の指導哲学と、指導者、そしてサッカー人としてのルーツを見てきた。

　今日の大津高校サッカー部において、その実績や知名度を築いたのは紛れもなく平岡である。しかし文中でも触れたように、大津高校でサッカーの強化をという取組み

は、平岡が赴任する以前から始まっており、全国高校選手権や全国高校総体への初出場も平岡が赴任する前のことであった。

そこでこの章では、「平岡以前」の大津高校で何が起きていたのか、簡単に触れておきたい。

1986（昭和61）年、熊本県立大津高校に、同校の卒業生でもある荒木時彌が校長として赴任した。校長となる以前、荒木は81年からの5年間、熊本県の体育保健課長を務めていた。自身、学生時代はバスケットボールに励んだスポーツマンである。熊本大学を経て体育教師となってからもバスケットボールの指導にあたったが、1958（昭和33）年に赴任した県立菊池農業高校で女子ハンドボール部を創部し、独自の指導で全国の強豪に育てた実績を持っていた。

筆者の手元に、部活動の成績や学校行事など、大津高校での取組みやニュースが地元の新聞などに取り上げられた時の記事を集めた「大津高校メモリアルニュース」という資料がある。その第2号、1988（昭和63）年4月からの1年間をまとめた冊子の巻頭で、校長の荒木が体育コースの1年について振り返った原稿を寄せている。それによれば、荒木が校長として赴任する前の大津高校の印象は、次のようなものであった。

（以下、引用）

「生徒は真面目でおとなしいのは良いが、総じて気力に欠け消極的である。進学面も部活動も低調であり、ごく平凡な、都市近郊の普通高校」

約30年が経った今とは全く対照的だ。周辺住民など外部からの見立てではあるが、大津高校（旧制大津中学校）のOBである荒木にとって、母校のそうした評価は聞くに堪えない、実に残念なものだったろう。赴任と同時に新設された理数科と、赴任の1年後に設置された体育コース・美術コースの生徒たちには特に情熱を持って接し、担任教諭のサポートなどに務め、学校全体の魅力向上や改革につながる取組みを牽引した。前半で触れた同校の伝統行事である「チャレンジ大会」がスタートしたのも、荒木が校長に赴任した1986年からである。

さて、荒木が赴任する1986年から遡ること3年前の1983(昭和58)年、当時の熊本県知事であった細川護熙《もりひろ》は、国が主導する教育改革がなかなか進まないことを受け、県レベルでの教育改革に乗り出す。その具体策の1つとして、特に熊本市外の郡部の高校に、より多様な生徒が集まるような学科・コース編成による特色づくりが提案された。検討の結果、大津高校には1986(昭和61)年に理数科、翌1987(昭和62)年に普通科体育コースと普通科美術コースが設置されることになる。

県内の公立高校にはその後、松橋、熊本西、八代東、荒尾、鹿本《かもと》といった具合に、ほぼ県全域に体育コースが順次設置されていった。その多くは体育コースのみで1クラスという編成だったが、大津高校の場合、卒業後の進路を確保する意味合いと、従来から美術部の活動が盛んであり、卒業生が芸術界で活躍していることも踏まえ、体育コース25人、美術コース20人を1クラスとする、他に類を見ない編成が採り入れられることになった。

強化種目は、サッカーとバスケット

体育コースを設置するにあたり、強化指定種目はサッカーと女子バスケットボールに決まった。バスケットに関しては、荒木自身がバスケットボール出身だったことも理由であったろう。一方、サッカーを強化指定種目としたのは、年末の全国高校選手権がテレビでも大きく取り上げられるなど、学校のPRにも効果的だと考えたからである。体育コースの1期生として荒木と接した卒業生の話では駅伝も候補になっていたそうだが、「常に先頭を走っていないとテレビに映らない」というのが、最終的に外れた理由だったようである。

この当時の熊本における高校サッカーでは、公立の熊本農業と私立の九州学院が2強時代を築きつつあった。しかし、1980年代以降、熊本県で育った技術の高い中学生が、長崎をはじめとした県外の高校へ引き抜かれる事例も増え始めていた。（平岡に帝京高校の古沼貞雄から声がかかったのも、まさしくその流れである）。つまり体育コース設置の背景には、地元の高校が力をつけて全国的な強豪になれば、そうした子ども達の県外流出に歯止めがかかり、地元に残りやすくなるという思惑もあったはずだ。

もちろん、当時の大津高校にサッカー部や女子バスケットボール部がなかったわけではない。しかし前述の学校評にもあるように決して優れた成績を収めていたわけではなく、50校前後が争うサッカーなら2回戦を突破すれば上々、ベスト16まで進めば快挙、といった程度の位置づけだった。たとえば同じ県北学区にある県立高校で、進学面でもライバル的な存在である鹿本高校（のちに体育コースが設置され、広島、福岡、山形などでプレーした宮崎光平を輩出）と比較すると、サッカー部の実績は今でこそ大きくリードしているものの、体育コース設置以前は鹿本の方が力も上だったのだ。

そうした、言わば普通の高校でサッカーを強化していくにあたり、顧問として白羽の矢が立ったのが、それまで中学生年代を指導してきた遠山和美であった。

遠山は県立玉名高校を経て熊本大学に進み、卒業後の１９６０（昭和35）年に教員となっている。その頃サッカーはまだマイナースポーツであったが、先輩の誘いで高校からサッカーを始めた遠山は、若くして熊本県サッカー協会の役員となり、ジュニ

1986（昭和61）年に赴任。
サッカー部の強化にあたった遠山和美

ア年代の育成や3種年代の底上げ、さらには普及にも力を注いできた人物。中学生時代の平岡和徳にも熊本県選抜で指導にあたり、また大津高校に赴任する前に勤務していた竜北中学校では、帝京高校へ進んだ儀貝洋光（卒業後は東海大～ガンバ大阪など）を育てるなど、実績は申し分なかった。

「ある日、体育保健課長だった荒木先生が自宅に見えて、こういうことで大津高校に体育コースを作り、サッカーを強化していくので来てくれないかと。定年まであと10年と少し、中学の指導者として全うし、その後は少年団でも教えようかと考えていましたが、そういうことなら大津高校に骨をうずめようと、引き受けることにしたんです。ただ、竜北中学校に生徒を残して行くのも申し訳ないので、私の代わりにサッカーの指導ができる教員を異動させて欲しいというお願いはしました」

こうして遠山も、荒木と同じく１９８６（昭和61）年、体育教諭として大津高校に赴任する。遠山和美、当時48歳である。一般的には中学から高校への異動は稀なケースであるため、高校教員となるための採用試験を改めて受け直したうえでの、次のステージでの挑戦だった。

「体育コースの設置は、実は当初の計画よりも1年遅れたんです。計画自体が急に出てきたものだったし、教育委員会のなかでもいろんな事情があったんでしょう。ただ、初めて高校の教員になる私にとっては、設置が1年遅れたことは逆に良かった。赴任した1年目は1期生を受け入れる準備もできましたし、それから中学トレセンでの指導もしていたので、体育コースの1期となる中学3年生たちに声をかけることくらいはできました」

こうして、大津高校サッカー部の強化がスタートしたわけである。

2　弱小公立校にやってきた「助っ人集団」

手作りの強化

サッカー部の強化と言っても、荒木や遠山がやったのは何もない所からのスタートだった。先に紹介した、平岡の「ゼロから1を創る作業」に通じる所がある。

遠山が赴任した1年目は、「中学で実績のある指導者が来た」ということもあり、――3学年で30名程と、100人を超す現在とは比べものにならないが――サッカー経験のない生徒も含め、それまでよりは僅かながら多い生徒が入部した。

「当然、体育コース設置の狙いも分かった上で赴任したわけですから、強くしていきたいという思いはありました」と、遠山は言う。しかし、自らもサッカーがマイナースポーツだった時代を選手として過ごし、高校や大学で経験のない友人に「一緒にサッカー部（当時は蹴球部と称していた）に入ろう」と誘って回った経験を持っていたからこそ、「せっかく入部してきた生徒たちに、サッカーの面白さや楽しさを知ってもらい、サッカーを好きになってもらいたい」という気持ちも強かった。

したがって、赴任1年目の成績としては特筆すべき結果が残っているわけではない。翌年に体育コースの新設を控えていたが、遠山も選手をスカウトするというスタンスは好まなかった。せいぜい、県のトレセンで指導をしていた中学3年生たちに、「大津に来るのはどうだ？」と声をかける程度であったという。

本格的な強化が始まるのは、体育コース設置元年となった１９８７（昭和62）年からである。遠山の赴任2年目、体育コースにサッカー専攻で入学したのは、竜北中学校からの教え子が4人と、氷川町、小川町（現在の宇城市）、砥用《ともち》町（現在の美里町）、熊本市、そして大津町に隣接する合志市などからの12人。それとは別に、サッカーの実力もありながら、大学進学を見越して理数科を選んだ熊本市からの選手が1人いた。

もちろん、それ以外の普通科一般クラスから入部した生徒もおり、3学年合わせた部員数は増えた。それでもまだ、合計50名弱である。

「体育コースの1期として入って来た生徒も、県のトレセンのレギュラー11人が来たわけではなく、主力が5、6名というところです。そんな状態なので、まだまだ全国へ出ていくというイメージは持っていませんでした。その前に、技術、戦術、そして体力という順で、3年間かけて高めていこうというプランはありました」と、遠山は言う。

学区外から普通科体育コースに入学した子ども達には、実家を離れて暮らす場所が必要だったので、これは荒木とともに交渉にあたって民間の賃貸物件を借り受け、家財道具などは不要になったものをもらって集めたりしたという。

「当時、私の自宅は熊本市内にありました。しかし寮として用意したので私も週に何日かはそこに泊まり込まないといけない。米を炊いて味噌汁やおかずを作って朝食を食べさせ、昼の弁当はご飯だけ持たせて、おかずは近くの店から配達をお願いしました。食べ盛りの子ども達ですから、卵や牛乳などの食材は、新聞折り込みのチラシを見ながら1円でも安く買えるスーパーを探して、生徒を連れて買い出しに行くこともあったくらいで（笑）。幸い、1期生の保護者の方たちが協力してくださって、米など食材を提供していただくこともあってずいぶん助かりました」

遠山が頭を痛めたのは、前年まで指導した部員たちと、体育コースの1期生として入学してきた選手達の間に、技術的なレベルの差があったことである。

「体育コースができて、非常に優れたボールテクニックを持っているMFの島村征志（卒業後は日本サッカーリーグ2部のトヨタを経て名古屋でプレー）を中心に、基本的な技術がしっかりした生徒が入ってきましたが、2年生、3年生の中にはそこのレベルに達していない子もいて、そこをどうするかという部分での苦労は少し、ありました」

ただ、遠山もまた、レギュラーとそれ以外の部員を分けてトレーニングを行うことは好まなかった。やはり「サッカーを好きになって欲しい」という思いがあるからこそ、みんな揃って同じメニューに取り組んだ。一方、遠山は同時に、赴任の年に発足した女子サッカー部の指導にもあたっている。教諭として体育の授業を受け持つだけでなく、赴任1年目にはクラス担任も持ち、放課後は男女両方のサッカー部の指導、そして練習後は寮での生徒たちの世話と、チーム強化以外の負担も非常に大きいなか、できるだけ早く結果をという気持ちも、膨らんでいったのである。

「大津町って、どこ？」から4ヶ月後の初タイトル

前述したように、普通科体育コースの1期生は、県内でもサッカーが盛んな県南地区の中学校を中心に、学区外から入学してきた生徒が多かった。遠山が赴任前に勤務していた竜北中学校からは、のちにユース代表に選出され、卒業後は日本サッカーリーグのＮＫＫ（日本鋼管）を経てヤンマー、セレッソ大阪でＪリーガーとなったＧＫ山崎慎治のほか、ＤＦ佐々木一暁、ＦＷ橋口光史、ＦＷ眞田良一の４人が入学した。

地図を開いてみると分かるが、竜北町（現在の氷川町）から大津高校までは約50ｋｍも離れている。中学を卒業したばかりの15歳前後の少年たちにしてみれば、それまでの行動範囲では自力で大津町まで行く機会などほとんどなく、親戚が住んでいるなどの事情がなければ、「阿蘇に観光に行く途中に通り抜ける町」といった程度の認識しかなかっただろう。あるいは認識すらしていなかったかもしれない。

竜北中から普通科体育コースの第1期生として入学した佐々木一暁は、次のように当時を振り返る。

「遠山先生が転勤したところ、というくらいの知識はありましたけど、大津町ってどこ？　っていう感覚でした。当然、中学からの友達はサッカー部のやつ以外はいませんし、体育コースのメンバーは顔見知りでも、他の生徒たちは地元の大津町はじめ菊池郡や阿蘇からの人が多くて、同じ熊本弁でもイントネーションや言葉は微妙に違うし……、正直言って『俺たち、来たのは良いけど、馴染めるのかな』という不安は、ありましたよ」

彼等とは逆に、迎える側となった他の生徒たちにとってみれば、地元の大津町や近隣の菊陽町、合志町（現在の合志市）、あるいは阿蘇郡といったこれまで馴染みのあるエリアの外から来た生徒たちは、同じ熊本県内とは言え違う文化圏で育った「助っ人集団」のようにも映った。

遠山も実は、そうした遠隔地や学区外から入学してくる子ども達が学校の中で孤立しないか、あるいは体育コースの生徒たちが他の生徒たちと壁を作ってしまわないかということについては、わずかながら心配していたという。

「まだ15、6歳の子ども達ですから、やっぱり熊本県で優勝したりして少しずつ結果が出れば、少しは浮かれたり天狗になったりすることもないとは言えない。そういうところは十分気をつけて、ミーティングでも常に戒めていました。とにかく、学校の中で『調子に乗っている』とか言われて目の敵にされるようなことがあってはいけないと思っていました」

しかし入学から半年も経たない8月、毎年行われている熊本県下の1年生大会で早速初タイトルを獲得すると、学校内での生徒からの支持も、少しずつ広がっていった。上級生たちにとっても、遠くの町から来たサッカーのうまい後輩たちによって初めてもたらされた「熊本県チャンピオン」という結果は、やはり誇らしいものだったのである。

初タイトルとなったこの1年生大会を勝ちきった理由について、学区内の合志中学校から普通科体育コースへ入学した徳永巌は次のように言う。

「1年生大会では決勝戦で熊本農業と対戦して7―0で大勝したんですけど、僕たちはその前にあった高校総体の熊本県予選で、2回戦で熊本農業に0―6で負けているんです。でもこの時の熊本農業は1年生ばかりではなくて、当然、上級生も試合に出ていましたから、力の差はあって当たり前でした。でも他の学校の同学年のチームと比べれば試合経験もあったので、連携がうまくいったのも理由だったと思います」

高校総体には2、3年生ももちろんエントリーし、チームの主力となる選手も2、3人はいたが、技術的な差もあって、チーム編成の中心となっていたのはやはり、普通科体育コースの1年生たちだった。

毎日の放課後の部活動での練習に加え、週に4回の専攻（つまり体育）の授業では徹底的に足元のボール技術を磨き、さらには遠隔地から入学した10人での寮生活で朝から晩まで一緒に過ごしていれば、おのずと技術は伸び、連携は磨かれていく。チーム力が高まるのは自然なことである。

夏を過ぎ、全国高校選手権の熊本県予選が始まる頃を迎えても、彼等はとくに大きなプレッシャーを感じてはいなかった。一方、「県内の他校の合言葉として、『大津の1年生には負けるな』という意気込みで来る」（遠山）状況になりつつあった。

キャプテンの苦悩

そうしたなか、1人危機感を抱いていたのが、体育コース設置の前年に入学し、高校総体で3年生が引退した後の新チームでキャプテンを務めることになった吉村修一（現・専修大学玉名高校サッカー部監督）である。

吉村は合志中学校出身で、徳永の1学年上にあたる。本来なら九州学院、もしくは熊本北へ進むつもりだったという。

「正直、それまでの大津高は熊本県でも1、2回戦のチームでしたし、自分の進路の選択肢にも最初はなかったですね。でも体育コースができることを知って、どなたが指導者として赴任されるのかは分かりませんでしたが、家も近いし、これからサッカーが強くなるのであれば大津で頑張っていくのもいいかなと。それで入学してみたら、前から知っている遠山先生がいらしていたので、『これなら全国へ行けるかもしれないぞ』と思いました。だから正直、1年生の時は練習も物足りなかったですね（笑）」

大津高校が全国大会に初出場した年にキャプテンを務めた吉村修一

新チームで全国高校選手権の熊本県予選に臨むにあたって、吉村は体育コース1期の後輩たちが感じていない、大きなプレッシャーを抱えていた。それは、個人的なことでの悩みと、チーム全体の中での問題を捉えていたからである。

「1つはポジションの問題です。自分は元々、攻撃の選手でした。でもディフェンダーの選手が足りないということで、遠山先生から後ろをやってくれないかと言われて、高校総体からスイーパーをやりはじめたんです。もちろん試合に出たいですし、1学年下の連中の顔ぶれを見れば、体育コースができて1年目であっても全国大会に行くことを目標にやるのは当たり前だと思っていました。だからディフェンダーの経験はありませんでしたけど、本やビデオを見て、守備について勉強しました」

チームの問題は、実は2つあった。1つは、選手権出場に向けても壁として立ちはだかることになる熊本農業に夏の熊本県高校総体で大敗していたにも関わらず、チームの大部分を占めることになる1年生たちに危機感が全くなかったこと。そしてもう1つが、同級生たちとの関係である。

「1つ下の選手達が技術的なレベルも高かったので、同級生はどうしてもゲームに出る機会が少なくなって、入部した時は15、6人いたんですが、2年の秋、選手権に臨む頃には5人くらいになっていました。個人的には寂しい気持ちがありましたが、キャプテンという立場でもありましたし、性格的にそういう弱さも見せられず、どうしたらいいか悩んでいましたね。一方で、年下の選手に負けてポジションを取られるなんて自分としては『ありえない』ことなので、とにかく熊本県で優勝して全国へ行くんだという気持ちが強く、同級生への対応というか、相談し合うということに時間や労力をかけられなかったんです。学校でもかなり気を張っていたから浮いていたと思いますし、サッカー以外のところでも戦っていた。孤独だったんですけど、今思うと同級生にも、後輩たちにも、申し訳なかったと思います」

しかし、1学年下にあたる佐々木、眞田、徳永らにとって、吉村が頼りがいのある存在だったことは間違いなかった。

「吉村さんがびしっと僕らを引っ張って、たるんでいる時は時々は手も出したりして(笑)、厳しく引っ張ってくれたから自分たちが伸び伸びやれたんだと思います。吉村さんたちが卒業したあと、自分たちが3年の代で最後の選手権に行けなかったのは、そういう存在がいなくなったなかで、自分たちでチームを盛り上げていくことができなかったからじゃないか。卒業した後で集まった時には、そんな話をしたこともありました」(佐々木)

そして9月、全国高校選手権に向けた熊本県予選がスタートした。

3 初めて開けた全国への扉

勝てる確率は「1％」

選手権に向けたチーム編成は、先発11人のうち最後尾でスイーパーを務めるキャプテンの吉村以外、10人が1年生である。1回戦を2桁得点で突破した大津高校は順調に勝ち上がり、3回戦ではその年の熊本県高校総体で準優勝を果たしていた熊本北を3－2で破りベスト8に進出。準々決勝では前述の鹿本と対戦し、2－1で競り勝って初めてベスト4に進出する。

校長の荒木は「良くてベスト4だろう」と思っていたそうだが、顧問の遠山の思いは少し違っていた。

「慌てるな、という気持ちもありましたが、やはりやる以上は勝ちたいですし、密かに優勝を狙うぞという思いも出てきていましたね」

準決勝の相手は、約半年前の熊本県高校総体で０―６と敗れた熊本農業である。この半年でどれだけ成長できたかを示す機会となった一戦は、立ち上がりに先制を許して追う展開となった。しかし大津は、キャプテンの吉村、ＧＫ山崎、ＤＦ佐々木ら守備陣の踏ん張りで追加点を許さず、橋口のゴールで同点に追いつくと、さらに1年生ＦＷの小島和男（２０１２年7月、41歳で胃がんにより死去）が決めて逆転。このまま熊本農業をくだし、遂に決勝戦まで登り詰めるのである。

「本当にきつい試合で、次の決勝戦では足も攣《っ》らなかったんですが、この熊農との準決勝では足が攣りました」と、眞田は振り返る。

決勝で対戦することになったのは、それまで3年連続で全国大会出場を果たしている名門の九州学院だ。相手のメンバーには、１９８５年の全国高校総体で優勝した時の1年生であるＦＷの丸尾俊邦（現・九州学院高校サッカー部監督）のほか、遠山の二男である健司もいた。

「正直、息子のチームが勝つと思っていましたし、大津の子ども達が頑張っても、勝つ可能性はほとんどないだろうと。まぁ、0というのはないにしても1％くらい。だから『もしお前たちが勝ったら、阿蘇山が噴火するかもしれんぞ』と冗談まじりに言って、でも少なくとも、良いゲームをしようと子ども達には話したことを覚えています」（遠山）

キャプテンの吉村も、遠山の考えと近かった。

「先生もテレビで放送があることを言ってましたし、今回がダメでも、翌年も、その次の年もあるので、負けるにしても恥ずかしい試合はできない。『1年生ばっかりなんだから、負けて当然』と思う気持ちや、『今回は良い経験にして、来年以降に全国に行けたら』という開き直りもありながら、でもやっぱり、そういうプレッシャーもありました」

そんなキャプテンの思いをよそに、主力である1年生たちはむしろ気楽なものであった。

「プレッシャーもなかったですし、第一、欲もなかったです（笑）。伸び伸びプレーしていたんじゃないかと思います」と眞田が言えば、サイドバックとしてプレーしていた佐々木も「決勝戦ということより、テレビに映れるとか、水前寺競技場の芝のピッチでやれることの方を喜んでいましたね」と言う。

対戦相手であった九州学院の丸尾も、あんなことになるとは思ってもいなかった。

「もう1回やれば勝てると今でも思いますし（笑）、1年生ばかりのチームに負けるわけはないと思っていました。でも本当に、何が起きるか分からない。まぁ、それがサッカーなんですよね」

1987年11月23日、熊本市水前寺競技場。冷たい雨が降る中で、全国への切符をかけた笛が鳴った。

耐えてつかんだ初優勝

決勝戦は戦前の予想の通り、圧倒的な九州学院のペースで進んでいった。準決勝でも苦しい戦いを強いられた1年生主体の大津は、終始、九州学院に押し込まれる展開となる。

「ほとんど自陣でサッカーをやっていたと思います」と眞田は言う。もし早い時間に九州学院が先制していれば、おそらくゲームは早々に決まっていただろう。しかし試合前から降っていた雨が、少しずつ大津にも味方しはじめる。

「九学はショートパス主体のつなぐサッカーで、雨でピッチがぬかるんだこともあってうまくいっていなかった。それに、シュートはポストやバーに当たってなかなか入らない。いつもと違う状況の中で、相手にはいらだちとか焦りが出てきているのが分かりました。ずっと攻め込んでいたので『そのうち点は取れる』という油断もあったのかもしれません」と吉村は言う。

ただ、失うものがない大津と、「1年生主体のチームに負けて4連覇を逃すわけにはいかない」というプレッシャーの中、押し込みながらもなかなか先制点が取れない九州学院を比べれば、気持ちの面では大津の方に余裕があった。

また、まだバックスタンドが芝生席だった水前寺競技場には、相手を上回る数の生徒が応援に訪れて、選手達を後押ししていた。この光景も相手にとっては少なからず圧力を感じさせたに違いない。入学時、「俺たち、大津高校に馴染めるのかな」という不安を抱いていたDF佐々木は、この光景を見て思ったという。

「あんなにたくさんの先輩たちや同級生が応援に来てくれて、それだけで『大津に来て良かった』と思いましたし、どれだけ押し込まれても踏ん張れたのは皆の応援があったからです。クラスメートの美術コースの生徒が体育祭の時に描いた伊達政宗のイラストがスタンドに張り出されていたのも良く覚えています」

ゲームが動いたのは前半終了間際の37分である。縦パスに抜け出したFW眞田は、相手のDFラインが前に出てできたスペースにボールを運ぶ。すると、九州学院のゴールキーパーが慌てて前に出てきたのが見えた。

「何も考えてなかったし、はっきり覚えてはいないんですけど……、トラップミスで持ち出せたのは覚えています。雨だったのボールも伸びて。相手のセンターバックが1人で、ゴールキーパーも出てきていた。それで右足のアウトサイドで持ち直して、シュートを打った。たぶん、相手のDFの股を抜けていったと思います」

眞田が放った右足のシュートは、低い弾道でゴールに吸い込まれる。苦しい展開のなかで奪った先制点に、選手達は抱き合い、スタンドの生徒たちも大歓声を上げる。

凡事徹底

先制を許した九州学院は後半、猛反撃に出るが最後まで得点は奪えず、試合は大津が逃げ切る形でタイムアップ。まさかの敗戦に肩を落としてピッチに倒れ込む九州学院の選手達を傍らに、初めての全国大会出場を現実のものにした大津高校の選手、そして応援に訪れた在校生や教員たちは、人目をはばからず喜びを爆発させた。

体育コースが設置されて1年目、大津高校の歴史が変わった瞬間であった。

4「大津、また来いよ！」

惨敗——厚かった全国の壁

　1年生主体のチームで初の全国高校選手権に臨むことになった大津高校には、全国からも注目が集まっていた。大会前には朝の情報番組の生中継が入ったほか、サッカーマガジンの1988年1月号（当時まだ月刊での発行である）には、同じくこの年初出場を果たした大分県立大分上野丘高校を取り上げた記事と合わせ、「熊本県立大津高校の青い挑戦」と題し、モノクロ2ページで紹介されている。

初戦の相手は茨城県代表の古河一高校。この年の関東チャンピオンである。

「国立競技場の開会式で隣に並んだのが国見(長崎)だったんです。竜北中の先輩だった森野(哲生)さんがいたり、(島村)征志が前から知っている永井秀樹さんとか二宮(浩)さんがいたので、『古河一って強いですか?』って聞いたら、『そりゃ強いよ』って。でもその後は、帝京の礒貝(洋光=竜北中学校出身)さんに挨拶に行ったり、東海大一(現在の東海大学付属静岡翔洋)の澤登(正朗)さんとか、あの年得点王になった平沢(政輝)さんを見て『本物だ!』とはしゃいだり(笑)。そんな感覚で臨んだ全国大会でした」(佐々木)

しかしそんな楽しい雰囲気は、試合当日に相手のウォーミングアップを見た時点で一気に吹き飛んでしまった。

「相手は3年生で当然身体もデカいですし、1年の僕らからすれば、見た目ももう大人なんですよ。試合が始まっても圧倒的すぎて、どうしようもなかった」(佐々木)

キャプテンとしてチームを引っ張っていた吉村もまた、全国の壁の厚さを痛感していた。

「初めての全国でみんな緊張していたというのもあったと思うけど、とにかくテンポが速くて。寄せてもすぐにはたかれてボールが取れない。為す術なくあっという間にゲームが終わってしまって、いろんな面で『まだまだ全国には通用しないんだな』ということを肌で感じる試合になりました」という。

試合は前半に4失点、後半に3失点して0―7という歴史的大敗。全国の壁は厚すぎた。佐々木はこのときのことを次のように振り返る。

「あとで知ったことですが、自分たちとしては試合をしながらどうしようもないくらい歯が立たなくて苦笑いしていたと思うんですけど、地元でテレビを見ていた人たちの中には『なんであいつらは大差で負けてるのにヘラヘラ笑ってるんだ』という意見もあったみたいで。でもやっぱりショックでしたし、あれだけ応援してもらったのにみっともない試合をしてしまって、正直、熊本に帰りたくなかったです。そういうこともあって、僕ら、熊本に帰ってから皆で坊主頭にして出直しました。（島村）征志なんか、常に髪型を気にしていたんですけどね（笑）」

一方では、温かい見方もあった。大敗し、肩を落としてピッチを後にしようとした吉村の耳に、拍手のなかから1人の男性の太い声が聞こえてきたのである。

「たぶん、関東に住んでいる大津高校のOBなのか、大津高校の関係者ではないけど熊本出身の人なのか、それは分からないんですけど、聞こえたんです。『大津！　また来いよ！』って。そのひと言で自分は顔を上げることができたし、胸を張れた。あの男の人の声があったから、0－7なんていうスコアで負けた直後でも立ち直ることができて、『よーし、絶対に来年も、またここに来てやる』って思うことができたんです」

熊本、戦国時代へ突入

翌1988年度になると、体育コース2期生が入学するのに合わせて正式な寮も整備され、一般クラスの部員も多数加わり、サッカー部は一気に100名前後の大所帯となった。

1年生で全国大会を経験した学年は2年生となり、新1年生にもユース代表候補の選手が2人など有望な生徒が集まったことで、熊本県内では無敗の状態が続く。しかしこの年に初出場した全国高校総体は、3年生となったキャプテン吉村を怪我で欠いたことも影響して愛知県代表の刈谷北に0―2で初戦敗退。熊本県大会の決勝戦で熊本農業をくだして連続出場した第67回全国高校選手権も、1回戦で日大山形に1―1からのPK負けを喫し、全国大会での1勝はなかなか挙げられなかった。

「2年の時の選手権もギリギリで熊農に勝てましたし、強い気でいたけど実力はなかったのかもしれない」と眞田は言う。

そして迎えた1989（平成元）年、普通科体育コースの1期生が3年生となり、3年連続の選手権出場まであと1歩と迫った熊本県大会の決勝戦で、これまで大津の前に苦杯をなめてきた熊本農業に敗れる。

「結局、キーパーに山崎、中盤に島村という2枚看板がいたことで、安心して頼っていたところもあるし、熊本農業には山城さんという若いコーチがいて、厳しい練習をしていたと聞いていました」と徳永は言う。「九州の中でも、国見や鹿児島実業、鵬翔あたりと比べれば、足元の技術はあっても線が細かったり、フィジカルの強さやハードワークする部分で劣ったりしていたんだと思います」と佐々木も続ける。

「そもそもが、楽しくやっていこうというカラーもあったし、1年の時にあった無欲さやガムシャラさが弱くなっていた。今の高校生と比べても、ハングリーではなかっ

た。だから3年の時は、負けるべくして負けたんです」(佐々木)

その後、熊本農業をはじめ、平岡和徳が赴任した熊本商業や、体育コースを新設した荒尾、さらには熊本商大付属(現在の熊本学園大付属)、共学化に伴いサッカー部を新設、島原商業高校時代に全国制覇の経験を持つ瀧上知巳《たきうえともみ》(平岡の1学年下で、小川中学校出身。現在は東海大学熊本サッカー部総監督)を監督に迎えた熊本国府などの私立が台頭。熊本県の高校サッカーは、本命なき戦国時代を迎える。大津は1988年度の第67回大会を境に、全国の舞台から遠ざかる時期に入っていった。

チームを率いていた監督の遠山も、自身の指導について次のように振り返る。

「全国で勝っていくには、多少はスパルタ的な練習もしなくちゃいけなかったのかもしれませんが、やがて50歳になろうという時期でしたし、私はどうも、体質的にそういうのはできなかった。これは言い逃れみたいな言い方になりますが、可能なら、生徒たちと一緒にガンガン練習してやるタイプの若いコーチがいれば、結果はもう少し違っていたんじゃないかという思いはあります。平岡君が筑波大学を卒業して熊本に帰ってきたことも、荒木校長が呼ぼうとしていたことも知っていますが、同じ体育科の教員が2人、サッカー部を見るというのは、制約があったのだろうと思います。もちろん、私自身が勝負師ではなかったという側面もある。だから今となっては、私が異動して、平岡君が大津高校に来てくれたのは良かったと思います。ただ平岡君も、教育者タイプ。指導者にはいろんなタイプがありますが、私はそれでいいと思います。それでも一度はやはり、全国優勝、してもらいたいですね」

１９８６年に体育コース設置に合わせて赴任した遠山和美は、大津高校に7年間勤務した後、県立小川工業高校へ異動となり、そこで5年間勤務して定年退職となった。県教員の立場を退いた後は、大津高時代の教え子だった島村や小野らが指導にあたったルーテル学院の強化にも関わり、２００４、２００５年には全国中学校サッカー大会での連覇に貢献。大津高校時代は、男子とともに強化にあたった女子サッカー部の監督として１９８９（平成元）年に全国制覇を果たしているが、高校年代の男子チームの監督としては、全国で勝利を挙げることはかなわなかった。しかし、２０１３（平成25）年には、これまでの功績が認められ、瑞宝双光章を受章している。

２０１８年には傘寿を迎える遠山は、サッカーマンとして培った体力と精神力で大腸がんも克服し、心臓にペースメーカーを入れた今も、女子や4種、キッズ年代の指導にあたっているほか、時には熊本オールドキッカーズというシニアチームで自らもボールを蹴っている。
「サッカーの楽しさを教えて広げていくという方向でここまできましたから、それは今も同じです。子ども達や女子に教えることも、今の生きる支えにつながっていますよ」

初めて全国への扉を開いた普通科体育コース1期生の面々は40代なかばを迎え、その息子たちの世代がすでに高校生になった。父親たちとは違う道を選び、ルーテル学院や東海大学付属熊本星翔といった私立高校の一員として大津高校を倒す側に回った選手もいる。しかしいずれにとってもやはり、父親たちがその礎を作り今も受け継がれる歴史を持つ大津高校が、ライバルとして、あるいは目標として、意識せざるを得ない存在であり続けている。

受け継がれる
平岡イズム

1　教え子たちの奮闘

「打倒、大津」が合言葉

　前章では、平岡和徳が赴任する以前の大津高校について、普通科体育コース設置の背景や、初めて全国大会へ駒を進めた当時のことを振り返ってきた。最後の章となる本章では、平岡の現在の仕事やこれからの大津高校との関わり方について述べていくことにする。

だがその前に、現在の熊本県内における高校サッカー全体の趨勢について簡単に見ておこう。

大津高校は、年末から正月にかけて行われる全国高校サッカー選手権大会では2015（平成27）年度の第94回大会、夏の全国高校総体には2015年に出場して以降、全国の舞台から遠ざかっている。これはちょうど、平岡が同校の教頭となり、現場での指導から距離を置かなければならなくなった期間と重なる。この間、2016年の高校総体が熊本国府、冬の選手権がルーテル学院、そして2017年の高校総体が東海大学付属熊本星翔と、全て私立高校が熊本県を制して全国へ駒を進めている。この3校のうち、ルーテル学院を率いる小野秀二郎、そして熊本国府で監督を務める佐藤光治は、ともに大津高校普通科体育コースの卒業生だ。

小野は体育コースの2期にあたり、平成3年に卒業しているため平岡には指導を受けていないが、平岡が赴任した平成5年に入学した佐藤は、まさしく「ゼロから1を創る」作業の当事者となった。

この2校のほか、地元のJ2ロアッソ熊本の創設メンバー（当時はロッソ熊本）の

１人でもあった鎮西高校の濱田照夫（鹿屋体育大学卒）、女子校から共学化されサッカーの強化に力を入れている慶誠高校の古木裕《ゆたか》（福岡教育大学卒）、教員と生徒という立場では接していないものの、福岡大学を卒業したあと臨時採用でコーチとして２年間、平岡をサポートした専修大学玉名高校の吉村修一など、近年力をつけている私立高校では平岡の教え子たちが奮闘中だ。また、平岡と同じ筑波大学へ進んで主将を務め、Ｊ２水戸ホーリーホックでのプロ経験もある水俣《みなまた》高校（２０１７年現在）の大塚翔太や、熊本市立必由館《ひつゆうかん》高校の杉本陽一（鹿屋体育大学卒）など、公立高校でも大津高校のＯＢが監督を務めるチームが増えつつある。さらに３種（中学生）、４種（小学生）の町クラブへと幅を広げれば、平岡の薫陶を受けた指導者の数は今や、これまでに同校から輩出したＪリーガーの数を上回る。

彼等は大津高校在学中に接した平岡の指導スタンスやトレーニングメソッド、あるいは子ども達への声かけを参考に、また前述したが、卒業生を集めた指導者カンファレンスで学んだことを加えながら、独自の指導でそれぞれのチームの強化にあたっている。こうした構図はまさしく平岡のＤＮＡを彼等が受け継いでいることの証左だと言っていい。そして、とくに高校生を指導する立場にある者にとっては「打倒、大津」

が合言葉になっている。その結果として、熊本県を制して全国へ出て行くことが以前にも増して難しくなっているわけだ。

2007(平成19)年から熊本国府高校を率いる佐藤は、平岡が大津高校に赴任して以降で2番めにJリーガー(アビスパ福岡に加入)となった卒業生でもあるが、佐藤にとって自らの母校でもある大津高校はどう映ってきたのだろうか。

「私が在学中には全国大会へ進むことはできませんでしたが、熊本県の高校サッカーを引っ張ってきた伝統のある学校ですから、公式戦で対戦することには素直に喜びを感じます。母校でもありますし、恩師の平岡先生と勝負できるということで、いちばん楽しみにさせていただいている対戦でもあります」という。

とはいえ佐藤自身、大津高校のコピーを作ろうとしているわけではない。自らの高校時代、そして決して成功したとは言えないプロとしてのキャリアを踏まえ、やはり独自のカラーを出そうとしている。

「うちは中学時代に日の丸をつけた子が入ってくるわけでもないし、スーパースターが入学してくる学校でもありません。ですから組織的なところで戦わないといけない。最近私が話しているのは、小学校の教科書に出てくる『スイミー』（マグロに食べられないように小魚が群れになって大きな魚のふりをするシーンがある）をイメージした『スイミー・フットボール』ということで、選手同士の距離感を大事にしています。そういうサッカーは組織がしっかりしていないとできないので、良い組織を作る作業に7割程度のウェイトを置いています。安芸《あき》南高校（広島県）の畑喜美夫先生が提唱する『ボトムアップ理論』の考え方を取り入れて生徒たちの自主性を高めたり、外部企業のシステムを取り入れたデータ管理などを行ったりしています。高校を卒業して大学を経由してもプロへ進めるのはほんのひと握りですし、引退する時期は必ずきます。サッカーが上手くても就職先の会社で給料が上がるわけではありませんから、**周囲の人と信頼関係を築けるとか、約束や時間はきちんと守るとか、そういう部分を育てることも重要だと**思うんです。ですから国府高校でも、『サッカーを教えている』という感覚はあまり強くありません。サッカーを教えすぎると頭でっかちになったり、勘違いが入ったりすることもある。それよりも、挨拶をきちんとするとか、人のために率先して動くとか、そういう面を追求していく方が、生徒たちは素直に話を聞くようになって、サッカーを教えた時に何倍にも膨らんでいきますし、結果も出るのではないかと思いますね」

２０１６年に起きた熊本地震の際、熊本国府高校には多数の周辺住民が避難していたが、グラウンドにパイプ椅子を並べてＳＯＳのメッセージを発信したことや、サッカー部をはじめとした運動部の生徒たちが連絡を取り合って情報を集め、自主的に支援物資を自転車で配って回ったことも話題になった。状況に応じた判断をくだして行動力を発揮することは、佐藤が教員として生徒たちに求めている部分にもつながる。

「大津高校のＯＢが指導しているチームで、そういう面がルーズなところはないと思います。自分たちが育った大津高校の環境がきっちりしていたので、指導者になってもそういった部分をきっちりやっている指導者が多い印象です」という。

一時はプロの世界に足を踏み入れた佐藤も、平岡と同じく教員の立場になり、人を育てることに情熱を注ぎはじめている。ただ一方ではやはり、熊本に全国制覇の優勝旗を持ってきたいという思いも強い。

「全国で勝つには、まず全国大会の常連になる必要があると思います。熊本はここ数年、高校選手権も高校総体も毎年出場校が入れ替わっていて、連続出場がありません。

連続出場がないということは、子ども達も入れ替わるので実質初出場と同じで、たとえば青森山田など20年以上連続出場しているようなチームが全国大会での計算ができるのとは事情が違います。一時期、大津高校が一強だった頃と比べても熊本県は近年とくに力が分散していて、ベスト8から上は力の差がなく、どこが全国大会に出てもおかしくない。熊本県大会はそれで面白いと思うんですが、それだと全国で勝ち上がっていくのはなかなか難しいかもしれません。それでも、**熊本県の場合は指導者同士の横の繋がりもありますし、誰もがオープン・マインドでいろんなことを包み隠さず教え合ったりしていて、一人勝ちすればいいという指導者はいません。**そういうなかで、大津高校と熊本国府が熊本県を引っ張って、どちらかが全国の優勝旗を持ち帰れたらいいなと思います」

後任のプレッシャーと闘う

教員と生徒という立場ではなかったが、平岡が教頭になったタイミングの2015

現在、平岡の後任として監督を務める古閑健士

（平成27）年に大津高校に赴任し、指導者同士として接することになった現監督の古閑健士《こがけんし》もまた、そういう意味では平岡の教え子ということになる。ただ、古閑には他の指導者とは全く違う種類のプレッシャーがあった。

「赴任の辞令を受けた時は驚きましたし、私も同じ体育科の教員なので、まず考えたのは、『平岡先生はどうされるんだろう』ということでした。それですぐに電話を入れたところ、『全国を獲るために力を貸してくれ、よろしくな』と。もちろん公務員ですから、どこで仕事をすることになろうが頑張るしかないと、気持ちを切り替えました」

古閑は1981（昭和56）年、熊本県北部の山鹿《やまが》市に生まれた。サッカーを始めたのは小学4年のときで、山鹿市立山鹿中学校から鹿本高校の普通科体育コースへ進み、大阪体育大学で学んで熊本県教員となった。高校受験にあたっては、「大津高校の体育コースに」との選択肢もあったという。

「既に平岡先生は赴任されていました。中学生の時に練習に参加した際は、1998年の国体準優勝メンバーだった櫛野《くしの》亮さん（卒業後はジェフユナイテッド千葉、現千葉GKコーチ）や福留《ふくどめ》亮さん（卒業後は京都サンガ）といった先輩がいらして刺激的でしたが、地元で頑張ろうという気持ちで鹿本高校に進むことにしました」

高校時代は、のちにサンフレッチェ広島やアビスパ福岡、モンテディオ山形でプレーする宮崎光平と同学年にあたり、全国大会出場を目指して日々の練習に励んだ。3年時には熊本県大会決勝まで駒を進めたが、熊本国府に敗れて涙を飲んだ経験もある。そんな古閑にとって大津高校は、「いつか勝ちたい」と思い続けたチームだった。

大阪体育大学を卒業したあとは、非常勤講師として熊本県立第二高校に4年、熊本支援学校に3年、そして県立天草西高校に5年勤務し、34歳で大津高校に赴任している。第二高校にはサッカー部があるが、それ以外の2校にはサッカー部がなく、「いきなり大津高校へ赴任することには不安を感じた」と振り返る。とくに、古閑が赴任した2015年に平岡は教頭となり、総監督という立場とは言え、放課後の練習はもとより公式戦でベンチに入る機会が制限されるようになった。そうした事情もあって、古閑は平岡が現場でどう子ども達に接しているのか見る時間を多くは持てず、グラウンドで話すより職員室で話すことの方が多かったからである。

「私は大津高校の卒業生ではないので分からないこともたくさんありました。でもOBであるコーチングスタッフの姿を通していろんなことを学ばせてもらっていますし、生徒たちへの声かけや指示の伝え方について相談した時には、平岡先生はいつも的確なアドバイスをしてくださいました。迷っている時や苦しんでいる時にかけていただく何気ないひと言に助けられてきたと思います。『**今すぐにできなくてもいいから、思い切ってやってみろ**』というのは、生徒たちに言うことと同じですよね（笑）」

赴任からの2年間で古閑が感じた他校との違いは、学校全体に活力があふれていること、そして選手達一人ひとりのサッカーに取り組む姿勢、意識の高さだ。

「国体少年チームの指導などもやらせてもらっていましたので、それまでにも大津高校の選手を1人の個として見ることはありましたが、赴任して感じたのは『サッカー部の全員がこれだけ熱い思いを持って、こういった真摯な姿勢で取り組んでいるからチーム力が高いのか』ということでした。それを20数年かけて、平岡先生が築いてきたのかなと。そういう部分からも、指導者であるのと同時に教育者だという先生の側面を強く感じましたね」

赴任が決まったとき、電話越しに平岡の口から聞いた「日本一になるために力を貸してくれ」という言葉は、今も古閑の胸に刻み込まれている。教員の立場を離れた平岡は今後、これまでとは違った形で大津高校サッカー部に関わっていくことになるが(詳細は後述)、それでも「平岡先生が離れてから勝てなくなった」といった外部からの声も監督として受け止める覚悟を持って、古閑は新たな気持ちで日々の指導にあたっている。

「このところ全国大会へは私立高校が進んでいますが、やっぱり『公立でもこれだけやれるんだ』というところを示していかないといけないと思っています。何より、私立に負けたくないですから(笑)」

母校である鹿本高校への思いも持ちながら、また県教員の宿命として、いつかは転勤しなくてはならない時期が来ることも頭の片隅に入れつつ、今は大津高校の監督として自らの役割に力を注ぐ決意だ。

2017年は、熊本県の新人戦、高校総体と、2大会続けて優勝を逃しているが、平岡が赴任した1993年以降、これまでに県内のタイトルを1つも獲れなかった年はない。それだけに、高校選手権へ向けた思いは古閑自身も強く持っている。

「今年度のチームはここまで2年生中心の編成ですが、彼等はプレミアリーグを戦いながら経験値を高めてきましたし、そこに3年生たちも意地を見せてきています。夏の間に全体を底上げして、高校選手権では何が何でもまずは熊本県を獲らないといけないと思っています。外からの声も気にはなります。しかし平岡先生も今までとは違う形で関わってくださることになったので、自分の仕事に全力で取り組みながら、やれることを増やして、そしていつか必ず、平岡先生を胴上げしたいんですよ」

古閑の思いはまた、大津高校のユニフォームを身に着けて毎日のトレーニングに取り組む現役の生徒たち、そしてこれまで平岡に関わってきた全ての教え子たちと卒業生の思いでもある。

2 次のステージへ

大津高校・新時代

平岡和徳の新しい仕事場は、それまで25年に渡って勤務した大津高校と自宅のある大津町から車で約1時間の場所にある、宇城市役所。その庁舎3階に設けられた教育長室である。部屋の中にサッカーの香りはなく、壁にかけられたホワイトボードのスケジュールは、自らきれいな字で書き込んだ予定で埋まっている。教育長として出席しなければならない定例の市議会のほか、市内の小中学校の校長会、教育委員会の会議に、管轄外の学校などから招かれる講演、なかには婦人会での講演まである。それらのほとんどは黒いマーカーで書き込まれているのだが、週末の予定だけ、使われているのは青いマーカーだ。そこに書かれているのは大津高校が参加している高円宮杯U―18プレミアリーグウエストをはじめとした試合日程である。

「教職員をいったん退職して宇城市教育長を拝命しましたが、今後も大津高校サッカー部には関わっていけることになっています。退職後の関わり方については、同窓会など諸先輩方や保護者とも話をして、保護者会の傘下で特別顧問という形で関わっていくことになりました。教育長としての任期を終えて、例えば他の県立学校で校長をやってくれというリクエストがあった場合、それを受けるかどうかは私自身の判断になります。当然、他校の校長になった場合は、悠長に大津高校のサッカー部に関わっていくことはできませんが、現時点では教育長としての仕事の傍ら、総監督という立場で関わっていきます。特別職なので勤務時間は24時間。これを自らもうまくデザインして、教育長としてのその日の業務が終われば、トレーニングにも顔を出しています。むしろ教頭時代よりも選手達を見る時間は増えましたし、週末のプレミアリーグの試合にも行くようにしています」

　これまでと同じように毎朝6時前にはグラウンドに姿を見せ、選手達のトレーニングの様子を見ながらウォーキングをし、7時半になれば車に飛び乗って、車中でおにぎりを食べながら宇城市役所へ出勤する。

「24時間態勢ですし、土日に行事が入ってくることもあります。幸い、どうしても優先させたい予定があれば代わりをお願いするといったコントロールはできるので、優先順位を考えながら、俯瞰的な鳥の目を持ってやっていかなければならない。私が練習に行けない時は、若い指導者の人材育成だと考えればいいですし、行けるのであれば慣例を変える、**今の環境だからこそのメリットを見出して、**大津高校サッカー部や宇城市のなかで関わる人たち誰もが成長できるアプローチをしていければと思っています」という。

　これは、後を引き継ぐことになった古閑にとってもプラスになる。

「平岡先生が教頭だった2年間では、グラウンドに姿を見せても子ども達と言葉を交わす程度でしたから、実際に指導する様子はほとんど見ることができませんでした。逆に教員を退職された今の方が、実際に指導する様子を見ることができて、私としてはこの2年間のギャップを埋めている感覚があります。平岡先生は『これから学んで

いって財産にしてくれたらいいよ』と言ってくださっています」(古関)

こうした関わり方はこれまでに前例のないケースだが、教員として「ゼロから1を創る」ことを念頭に置いてきた平岡にとっては、その延長線上にあるものだと言っていい。

「立場としては学校の所属ではなく、保護者会に委託された総監督です。これからはベンチにも入って、試合中もテクニカルエリアに出て行くと思います。古関先生にとっても、私が退職した状況で『**勝たなきゃいけない』というストレスやプレッシャーのなか、本来学んで身につけるべき指導者としての経験が中途半端なものになってはいけません**し、教員として転勤もあり得るので、ここで力をつけて、次の学校でそれを発揮できるような勉強の機会も与えなくてはならない。ですから主に1年生の指導や全体を見ることを通して、人間的な面のコントロールをしながら、これからの監督人生の中心に置いていって欲しいと思っています」と平岡。

つまり現場では、サッカー部全体の統括やコントロールを監督の古関が取りまとめ、選手達の実際の指導は、大津高の卒業生で同校の非常勤職員や事務職員でもある山城朋大《ともひろ》や橋本拡生《こうせい》、木村優成《ゆうせい》といったコーチ陣が中心に行い、フィジカルには外部からトレーナーの池本則之が入り、平岡が総監督として強化やゲーム自体をマネジメントするという、新しい形になる。

「うちのOBが指導している私立や他の高校も、『大津を倒そう』と思ってよだれを垂らしてかかってきますから（笑）、そういった相手に立ち向かうにはやはり、彼等が持っている以上のパワーが必要になる。一方で、大津高校サッカー部に対する周囲の期待は変わりませんし、そういうプレッシャーを受けて、本来できることもできなくなってしまっては、指導者の育成という部分とはほど遠い結果になってしまう可能性がある。ですから、若い指導者にかかってくるそういった外からの重圧を、私がフィルターとして受け止めようということなんです」

これからも、「本気のオーラ」を持った教育者として

大津高校での25年間は、平岡にとっては長いようで短い時間だった。数多くのJリーガーを育ててきた一方、チームとしての成績は2014年インターハイでの準優勝（延

長戦の末に東福岡に逆転負けを喫した）が最高で、冬の高校選手権はベスト8から先にまだ進めていない。

「前橋育英（群馬）と四日市中央工業（三重）、星陵（石川）、そして大津。この4つが高校サッカーでは『勝負弱い』と言われていますが、全国優勝がないのは大津だけですからね」と笑う。

しかし「職業は教師で、仕事は人づくり」という平岡の信条をもとに考えれば、教え子の中から多くの指導者が誕生し、それぞれが力をつけてきていることも大きな成果。そして平岡が高校進学のタイミングで熊本を出たのとは逆に、県外から熊本の高校を選んで入学してくる生徒も少なくない時代になった。

「大津高校だけでなく、私立の高校も力をつけてきて、熊本県全体が活性化してきたことも理由だと思います。今も県外に出て行く選手はいますが、それは熊本県に良い選手がいると認知されてきたことも関係している。サッカーで先進県のグループに入ってきたわけですから、指導者としては、地元の選手達が県外へ出ていかないような魅力づくりをしていかなくてはならない。アスリートと指導者を作るというコンセプトに関しては、そのバランスを保ちながら前に進んできましたが、これは終わることのない、死ぬまでの永遠のテーマだと思っていますから、そこはやり続けていきたい。これからも大津高校に関わっていく形ができたので、魅力あるベースを維持しながら、ある意味では開き直って、覚悟を決めてこれからも取り組んでいきたいと思っています」という。

また、１０００人の生徒と70名の教職員と関わってきた大津高校でのこれまでの環境とは違い、宇城市教育長としては４８００人の児童生徒、そして５３０人の教職員と関わっていくことになる。教員として日々を送ってきたなかで、子ども達や保護者が時代とともに変わってきたことも感じており、それについての対応をどう現場へ反映させていくのかも、教育長としての平岡の腕の見せ所だ。

「私が教員になった当時と比べると、子ども達の主体性が弱くなっているように感じています。子ども達の自己肯定感も低くなっている。これは、日常的に親が子ども達を見守る時間が減ってきた分、保護者が余計な責任感を持ってしまい、必要以上に子どもの判断に介入するようになってきたからではないかと感じています。**もっと子ども達を信じれば良い**のに、転ばぬ先の杖を用意するようなケースもある。『親』という漢字は『木の上に立って見る』と書きます。もし、昔から親の口出しが必要だったのであれば、『親』

という字には『口』の字が入っていてもいいはずなんですが、入っていませんよね？　それはやはり、**口出しするよりも見守ることの方が重要**だからだと思うんです。子どもを守るつもりでいろいろと口を出す保護者の方も多いように感じますが、それは本当に子どものためになっているのか、よく考える必要がある。サッカーでも、教えられすぎるとプレーの選択肢が少なくなってしまいますし、それでは選手達自身の気付きの量が減ってしまいます。トレーニングでも、細かく説明して、やらせてみて、うまくいかないと腹が立つんですよ。しかし『はい、じゃあこれをやってみよう』と、少しずつ目先を変えながらアプローチしていくことで、子ども達の気付きも増えるし、効果も出る。『大丈夫？』って周囲から聞かれている段階は、まだ未熟だということ。セルフコントロールやセルフマネジメントができるようになれば、周囲から『大丈夫？』と聞かれなくなります。そのためには、自分で物事を見て、判断できるようにならないといけないし、大人がそういった環境を作らなければなりません」

近年、再び教育の現場で問題になっている体罰についても、平岡の考え方は「絶対にノー」である。

「子ども達が成長していく環境に大人が刺激を入れてコントロールするにしても、体罰という行為はないと思っています。私たちが子供の頃は、悪いことをしたら親からも叩かれていましたし、『大人の判断が正しい』という信頼関係があったから、子どもとしても親としても、叩かれたということは何かしら非があるということを理解できていました。また、それに耐えうる人間力の備えがあった。しかしいつからか、自分の身を守るために子どもを叩く親や教員が出てきたことで、今のような風潮になったのではないかと思います」

サッカーを通した「人づくり」を仕事としてきた平岡は、「子ども達が安心できる環境を作れているか」を自らにも問い続けてきた。その理由は、安心できる環境があって初めて子ども達の成長が促されると考えるからである。特に様々な社会問題も潜在化する近年においては、「家庭ですら安心感、安定感が失われていることがある」と実感しており、学校に来ることで安定感をなんとか保っている子ども達も目にしてきた。だからこそ、学校という空間で子ども達と接する教職員の組織としての役割が大きいと、平岡は考える。

「高校生で言えば、15歳までに育った家庭環境も違いますから、場合によっては躾《しつけ》の部分までリセットしなくてはいけないこともあります。状態が良い時があっても、ふとしたことでバランスが崩れることもある。では周りの大人が、そういうときにどう手を差し伸べることができるか。そのためには**子ども達一人ひとりのバックグラウンドを情報として把握しておく**のが大切で、担任教諭とのコミュニケーションも重要です。子ども達に関わる大人が、その子の『未来に触れている』という自覚を持てるかどうか。今は『学校がいちばん安心する』という子どももいますし、なおかつ『サッカー部の仲間がそばにいるから大丈夫』という子もいるのが現実です。ですから、その安心感、安定感という部分の担保は、少なくとも平等にしてあげないといけない」

熊本県においては、教員の負担を減らすという意味で学校の部活動は縮小傾向にあり、子ども達のスポーツ活動は地域のスポーツクラブや社会体育に移行する動きがある。しかし平岡はあくまで、学校部活動がもたらす効果を強調する。

「子ども達が好きでそのスポーツに取り組みたいと考えるなかで、家庭の経済状況に関係なく、平等性を保って人を作っていくには、やっぱり部活動が合っていると思います。**教室では学べないことがそこにはあって、子ども達にとっても小さな修業の場**

であると同時に、教員が成長する機会にもなる。情報を与えるだけ、種目の指導をするだけなら、いつか人工知能ができるようになるかもしれません。しかし部活動には、人間と人間の深くて強い関わりがある。宇城市はこの感覚を大切にした取組（システム）を進めていきたい」

そうした思いが根底にあるからこそ、平岡自身も少なからず家庭を犠牲にしてきたことを認め、家族への感謝も忘れない。大津高校に赴任して2年目には、祖父・重雄が危篤状態に陥ったのと長女が誕生するタイミングが重なったが、平岡は破水した妻を病院に送り届けてすぐ、部員たちを引率して関東遠征に出発。大切に育ててくれた祖父の死にも、心待ちにしていた長女の誕生にも立ち会うことはできなかった。また大津高校が全国高校選手権熊本県大会を戦っている期間（準決勝の前々日）に父・重徳が亡くなり、火葬場でのボタンを押してすぐに、試合会場にかけつけたこともあった。通夜・葬儀には1000人を超える参列者が弔問に訪れ、改めて父の偉大さを感じたという。

熊本商業高校、大津高校とサッカー部を率いてきた教師生活を振り返ったとき、「ミスター・ポジティブと言われていますから、失敗談も失敗と捉えていないんです」と笑

2014年の高校総体はあと一歩のところで準優勝に終わった。大会後、妻の望、長女の夏希、長男の拓己とともに記念写真に納まる

いながら即答したが、後日、「失敗談ではないけど、後悔していることはあります」と教えてくれたのも、家族にまつわるエピソードである。

それは2014年の夏と冬のこと。全国の頂点まであと1歩と迫った全国高校総体での東福岡高校との決勝戦で、平岡は終了間際の後半70分、長男であるボランチの拓己《たくみ》を交代させている。この時点でスコアは1―1。もちろん、拓己をそのまま残していれば勝ちきっていたという保証はないが、延長戦に入ったあと、大津は3点を失って初の全国優勝を逃した。また同年の全国高校選手権では、拓己の早稲田大学入試と熊本県大会の準決勝が重なる。拓己不在の大津は東海大学付属熊本星翔に敗れて全国出場を逃し、親子で日本一を獲るという夢は、叶わなかった。

「息子が3年の時に紙一重で逃していますし、大津高校が全国制覇するというのは、平岡家のテーマでもあります。全国優勝しているチームを見れば私立ばかりで、ベスト16でも県立高校はほとんどない状況のなか、『公立の雄』と言われ続けてきました。25年間こだわってきた仕事ですから、この先、何十年でもこだわり続けたい。**私は帝京高校に進んだので、熊本県内に高校の母校はありません。しかし25年もいましたからね、熊本県内では大津高校が母校なんですよ（笑）。**よその学校へ行って同じレベルの学校愛を持てるかというと……、それは難しい」

3年間通っただけでも学校への愛着は涌くものだが、25年となればその思いはいかほどだろう。まして平岡家は、息子の拓己がサッカー部で3年間を過ごしただけでなく、長女の夏希もマネージャーとして全国制覇を目指して高校生活を送った。家族の胸にあるのは、並の愛着ではない。

「ですからこの学校愛を日本一という結果につなげることが、これからも私にとっての大きなテーマなんです」

教育者、指導者としての平岡和徳の進化と挑戦は、まだまだ続いていく。

おわりに

１９８３（昭和58）年度の第62回全国高校サッカー選手権大会、清水東高校との決勝戦で、帝京高校の前田治がハーフボレーを突き刺した豪快なゴールは、当時小学６年生だった私にとって非常にインパクトの強いシーンとして記憶に刻まれた。

１９９３年にJリーグが始まる以前、テレビで見るサッカーと言えば、ヨーロッパチャンピオンと南米チャンピオンが対決する12月のトヨタカップ（現在のクラブワールドカップの前身）、元日に行われる天皇杯の決勝戦、そして全国高校サッカー選手権大会が三大イベントで、そこにNHKで中継される夏場の全国中学校大会と高校総体の決勝戦、それに深夜、クロスネットで放送されていた三菱ダイヤモンドサッカー、といった程度のラインナップである。

その中でも高校サッカーは、大会イメージソングである『振り向くな　君は美しい』のトランペットの主旋律が何とも言えず琴線を刺激して、特別な大会だった。

帝京の前田、清水東の長谷川健太、堀池巧、大榎克己、武田修宏といった選手たちは当時の小中学生にとっては憧れの的。その後も帝京なら礒貝洋光に森山泰行、清水商業（現・清水桜ケ丘）の真田雅則、江尻篤彦、青島文明、三浦文丈に藤田俊哉、東海大一（現・東海大学付属静岡翔洋）のアデミール・サントスや澤登正朗、国見からは永井秀樹や三浦淳宏など、少し年上から同世代あたりの選手たちがスターで、「あの時のあの選手がプロになったのか」と、勝手な親近感を持ってJリーグ開幕当時のニュースに接したものだ。

冒頭のゴールシーンで正確なラストパスを送り決勝点をアシストしたのが、熊本県出身の平岡和徳という選手だったこと、そしてその人が教師になって熊本に帰ってきているいることを知ったのは、それからずいぶん後のことだ。何かの取材で大津高校を訪れた際、当時監督になっていた平岡先生と初めて会った私は、あの場面がいかに自分にとって衝撃的なものだったかを熱く話した記憶がある。その頃はまだ、大津高校出身のＪリーガーも今のように多くはなかった。

本書の企画を思いついたのは、さらに時間が経った２０１２年だ。平岡先生とはそれまでにも年に数回は会って話を聞く機会があったものの、単発の記事の取材がほとんどで、その考え方を1冊の本にまとめるという構想を持っていたわけではなかった。ただ、「もう大津高校に勤務して20年になる。そろそろ異動の辞令が出てもおかしくないのでは」という予感もあったし、２００６年のＦＩＦＡワールドカップドイツ大会に出場した土肥洋一と巻誠一郎をはじめ、同校出身のＪリーガーはずいぶん増えていた。さらに言うと、全国高校選手権の初出場を決めた１９８７年からちょうど25年という節目のタイミングで、この時の主力選手の１人が41歳の若さで亡くなったことも、「このあたりで、平岡先生の功績とあわせて、大津高校サッカー部の強化が始まった当時のことを形にしておきたい」と思い至るきっかけになった。

凡事徹底

２０１３年に提案した企画が通ったとの連絡を受け、本格的に取材をスタートさせたのは２０１６年に入ってからである。

途中、熊本地震に伴う諸々の影響で原稿が思うように進まない時期があったり、終盤にきて平岡先生の教員退職と宇城市教育長就任のニュースが飛び込んできたりと、想定外の出来事に直面して気持ちが折れかけることもあった。それでも、なんとか刊行までこぎつけることができたのは、本書の中で取り上げている平岡先生の言葉の数々――「ゼロから1を創る」とか、「苦しい時は前進している」「イレギュラーなことが起きた時にどれだけ大人として手本を示せるかが大切」といったフレーズだ――に背中を押されたからだ。

もちろん、何度も時間を作っていただいた平岡先生をはじめ、初の全国大会出場を果たした時に監督を務めていた遠山和美先生や、当時のキャプテンだった専修大学玉名高校の吉村修一先生と普通科体育コースの1期生にあたるメンバー、卒業生である熊本国府高校の佐藤光治先生、大津高校の現監督である古閑健士先生などが快く取材に応じてくださったことと、なかなか進まない私の原稿を辛抱強く待っていただいた編集者の津野実さんのおかげでもある。この場を借りて改めてお礼申し上げたい。

また資料として、「サッカークリニック」（ベースボールマガジン社）の連載企画、「そうか、君も指導者になったのか。」（全21回）、熊本日日新聞に連載された「新熊本の体力（サッカー編）」（２０１４年6月21日～全9回）、「大津高校メモリアルニュース」（ｖｏｌ．２～6）、サッカーマガジン（ベースボールマガジン社）１９８８年１月号に掲載された「熊本県立大津高校の青い挑戦」の各記事を参考にした。

さて、本書を書き進めるにあたっての平岡先生へのインタビュー取材は、私にとっても非常に実になる、充実した時間だった。先生の口から聞いた指導スタンスや育成の考え方、サッカーの捉え方はどれも、真理を突いていながらも新鮮で、考えさせられることばかりだったように思う。

その中でもとくに印象に残っているのが、「ボールを持っている方がサッカーは楽しいし、圧倒的に上手くなる」ということ。この考え方を入り口にすると、サッカーというスポーツの捉え方が少し変わってくることに気がついた。

本文中でも触れているが、コミュニケーションの重要性を説く上で、平岡先生はこんな話をしている。

「ボールを持っている方がサッカーは楽しいし、圧倒的に上手くなるんです。だからこそボールを奪われないように全員で協力し、奪われたら全員で協力して奪い返す。そのためにコミュニケーションが欠かせない。命を守るためにも伝えるということは必要だし、ボールを守るのもそれと同じです」

サッカーにおいてボールは道具の1つで、基本的な競技の構造としては、相手のゴールに何回ボールを入れたかを競うものだ。例えばシュートなら「撃つ」、あるいは「打つ」「放つ」などと表現することが多いが、それだとボールに対するイメージは何となく、まるで砲弾とか銃弾のようなものになってしまう。たしかに得点は相手にとってダメージになるし、実際に「先制弾」「同点弾」「逆転弾」といった書き方もするから、それもあながち間違いというわけではないだろう。

しかし平岡先生の考え方をじっくり掘り下げていくと、ボールは単なる道具ではなく、大切にするべき「仲間」だとか「届け物」ではないかと思えてくる。つまり、それを目的地＝相手ゴールまで「安全に連れて行く」「確実に届ける」回数を競うものだという側面が見えてくるのだ。これはラグビーやバスケットでも同じだろう。

あくまで個人的な解釈に過ぎないけれど、そう考えると、しっかりボールをつなぐこと、相手に奪われたらすぐ奪い返すために全員で協力すること、いかに効率よく目的地に送り届けるか工夫することが、スポーツとしてのサッカーの本質というか、面白さなのではないかと感じられるようになった。単に「ボールをゴールに入れる」と考えるより、その方が連携やコミュニケーションが大切なこともしっくりくる。

こうした捉え方ができるかどうかは、サッカーというボールゲームを見る上でも、またプレーする上でも、根本的なところで違いが出てくるような気がする。そして大津高校のサッカー部員や平岡先生の指導を受けた選手、指導者たちは、そういった見方を肌感覚で理解しているのではないかと思う。

熊本県の高校サッカーは毎年なかなかの激戦になっていて、ここ数年はどこが全国へ出て行ってもおかしくない状況が続いている。全国的に見ても決して低いレベルで争っているわけではないと思うから、夏のインターハイにしても冬の高校選手権にしても、どの学校が代表になって出場しても、いち熊本県民としては、できるだけ勝ち上がって欲しいという思いがあるのは確かだ。

それでも——。

凡事徹底

平岡先生の25年という在職期間にはとうてい及ばないけれど、3年間通った卒業生の1人として、大津高校が全国の頂点を極める日が来ることを願ってやまない。

井芹貴志（いせり・たかし）
1971年、熊本県生まれ。大学卒業後、タウン情報誌の編集者を経て2005年にフリーランスとなり、ロッソ熊本（当時）の取材を始める。現在、ロアッソ熊本担当としてJリーグファンサイト「J's GOAL」「EL GOLAZO」「サッカーダイジェスト」等で関連記事を執筆しているほか、熊本県内のサッカー情報を発信するwebマガジン「kumamoto FOOTBALL JOURNAL」を運営。

凡事徹底
九州の小さな町の公立高校からJリーガーが生まれ続ける理由

発行日	2017年 9月10日 第1刷
	2018年 9月25日 第5刷
著　者	井芹貴志
発行者	清田名人
発行所	株式会社内外出版社
	〒110-8578 東京都台東区東上野2-1-11
	電話　03-5830-0368（販売部）
	電話　03-5830-0237（編集部）
	http://www.naigai-p.co.jp
印刷・製本	近代美術株式会社
